SCHLUSSFOLGERUNG: DIE ZUKUNFT VON FÜHRUNG UND MANAGEMENT

REFERENZEN

Liebe Leserin, lieber Leser,

Widmung

Diejenigen, die unermüdlich dafür sorgen, dass das Räderwerk von Industrie und Innovation reibungslos ineinandergreift, selbst wenn sie mit ständigen Veränderungen und Herausforderungen konfrontiert sind; diejenigen, die oft hinter den Kulissen arbeiten, deren Bemühungen oft unbemerkt bleiben, aber unbestreitbar entscheidend sind; diejenigen, die es wagen, von etwas Größerem zu träumen, über den unmittelbaren Horizont hinauszublicken, und die danach streben, in Führungspositionen aufzusteigen, nicht nur wegen des Titels, sondern wegen der breiteren Wirkung, die sie erzielen wollen:

Dieses Buch ist Ihnen Gewidmet.

Auf Ihrem Weg vom Management zur Führungskraft werden Sie die Zwischenräume durchqueren und lernen, das Taktische mit dem Strategischen, das Unmittelbare mit dem Visionären und das Individuelle mit dem Kollektiven in Einklang zu bringen. Es ist kein einfacher Weg, aber einer, der mit Wachstum, Entdeckung und unvergleichlichem Potenzial gefüllt ist. Mögen Sie auf diesen Seiten nicht nur Einsichten und Wissen finden, sondern auch die Inspiration, die riesigen Möglichkeiten, die vor Ihnen liegen, zu nutzen. Eine Brücke zwischen Management und Führung zu schlagen, bedeutet, eine neue Dimension des Einflusses zu erschließen, eine Dimension, in der Ihre Handlungen im gesamten Gefüge einer Organisation und letztlich in der Welt Widerhall finden. Auf Ihre Reise, auf die Herausforderungen, die Sie meistern werden, und auf die Führungskraft, die Sie werden. Denken Sie daran, dass jede große Führungskraft einmal dort stand, wo Sie jetzt stehen. Der Weg liegt vor Ihnen, und die Zukunft wartet auf Sie.

Mit größtem Respekt und Bewunderung,

Thomas P. Huber, PhD, MS ECS

Einleitung: Die uralte Debatte

Die Sonne geht auf und wirft einen goldenen Schimmer auf die Wolkenkratzer des Geschäftsviertels. In diesen hoch aufragenden Strukturen werden täglich eine Fülle von Entscheidungen, Strategien und Operationen getroffen. Vom geschäftigen Start-up-Zentrum im Silicon Valley bis zu den etablierten Vorstandsetagen an der Wall Street klingen zwei Worte tief nach: Führung und Management. Diese beiden Begriffe sind zwar unterschiedlich, bilden aber das Rückgrat des Unternehmenserfolgs, und ihr Zusammenspiel ist der Schlüssel zur Navigation in der sich ständig verändernden Unternehmenslandschaft.

In der weiten Welt der Organisationsdynamik ist die Dichotomie zwischen Führung und Management seit Jahrzehnten ein heiß diskutiertes Thema. Wissenschaftler, Wirtschaftsmagnaten und Vordenker haben lange über das Wesen dieser Rollen debattiert. Sind sie zwei Seiten derselben Medaille? Sind sie polare Gegensätze? Oder befinden sie sich vielleicht auf einem Kontinuum, bei dem sich das eine in das andere verwandelt?

Es ist leicht, sich in der Semantik zu verlieren, aber diese Debatte geht über bloße Worte hinaus. Der eigentliche Knackpunkt besteht darin, das Wesen dieser Rollen zu verstehen, die Verantwortlichkeiten, die sie umfassen, und die Auswirkungen, die sie auf die Entwicklung eines Unternehmens haben. In einem sich rasch wandelnden Geschäftsumfeld, das durch technologischen Fortschritt, verändertes Verbraucherverhalten und globale Verflechtungen gekennzeichnet ist, war es noch nie so wichtig, die Unterschiede zwischen Führung und Management zu verstehen.

Im Kern geht es beim Management oft um das Konkrete - die Prozesse, Systeme und Strukturen, die ein Unternehmen reibungslos am Laufen halten. Es geht um Optimierung, Effizienz und Konsistenz. Manager sorgen in ihrer zentralen Rolle dafür, dass das Schiff auch in turbulenten Zeiten seinen Kurs hält.

Andererseits geht es bei der Führung um die immateriellen Bereiche der Vision, der Inspiration und des Wandels. Führungspersönlichkeiten halten nicht nur den Status quo aufrecht, sie fordern ihn heraus. Sie sind die Fackelträger der Innovation, die Visionäre, die sehen, was jenseits des Horizonts liegt, und andere dazu inspirieren, mit ihnen zu gehen.

Im modernen Unternehmensmilieu verschwimmen die Grenzen zwischen diesen Rollen. Von den Managern von heute wird erwartet, dass sie mehr als nur die Prozesse überwachen; sie sollen inspirieren, motivieren und führen. Umgekehrt werden von Führungskräften nicht nur Visionen vorgegeben, sondern es wird auch erwartet, dass sie die täglichen Abläufe verstehen und sich manchmal sogar in sie hineinversetzen, um ihre Visionen zu verwirklichen.

Dieses Buch, "Leaders, Managers, and the Spaces Between: Ein moderner Leitfaden" versucht, diese uralte Debatte zu vertiefen und sie mit einem modernen Blickwinkel zu analysieren. Durch eine Mischung aus theoretischen Erkenntnissen, praktischen Beispielen und umsetzbaren Strategien wollen wir Klarheit über dieses komplexe Wechselspiel schaffen.

Beim Durchblättern dieses Buches werden Sie nicht nur die Unterschiede zwischen Führung und Management entdecken, sondern auch die symbiotische Beziehung, die zwischen ihnen besteht. Es ist eine Reise, die zeigt, wie diese Rollen, wenn sie effektiv harmonieren, eine Organisation zu beispiellosen Höhen führen können.

Ob Sie nun ein angehender Manager, eine etablierte Führungskraft oder jemand sind, der sich im komplizierten Labyrinth der

Unternehmensdynamik zurechtfindet, dieser Leitfaden ist Ihr Kompass.

Kapitel 1: Definition der Begriffe: Was verstehen wir unter Management und Führung?

In unserem Bestreben, die komplexe Dynamik des Unternehmenserfolgs zu verstehen, stoßen wir auf zwei Begriffe, die allgegenwärtige Bedeutung zu haben scheinen: Management und Führung. Diese Begriffe, die oft in einem Atemzug genannt werden, sind die beiden Säulen, die das Gebäude eines jeden florierenden Unternehmens tragen. Doch trotz ihrer scheinbaren Symbiose werden sie häufig missverstanden, falsch angewandt und sogar durcheinander gebracht, als wären sie austauschbar.

In diesem kritischen Kapitel wollen wir den Nebel, der diese Konzepte umgibt, lichten, indem wir für jeden Begriff genaue Definitionen und Grenzen festlegen. Wir wagen uns über die bloßen Wörterbuchbedeutungen hinaus, um die Nuancen zu erkunden, die unser Verständnis von Management und Führung bereichern und die Tiefe und Komplexität offenbaren, die sich hinter diesen trügerisch einfachen Bezeichnungen verbergen. Auf diese Weise schaffen wir die Voraussetzungen für eine detailliertere Untersuchung der Überschneidungen, Unterschiede und Beiträge dieser beiden Rollen zur organisatorischen Exzellenz in den nachfolgenden Kapiteln.

Die Aufgabe, vor der wir stehen, ist nicht nur akademisch. In der schnelllebigen, vernetzten Welt von heute, in der viel auf dem Spiel steht und der Spielraum für Fehler immer kleiner wird, ist ein klares Verständnis dieser Begriffe kein Luxus, sondern eine Notwendigkeit. Ganz gleich, ob Sie ein angehender Manager, eine erfahrene Führungskraft oder jemand sind, der sich für organisatorisches Verhalten interessiert, die Klarheit dieser grundlegenden Konzepte wird Sie in die Lage versetzen, die Komplexität des modernen Geschäftslebens mit größerer Zuversicht und Kompetenz zu meistern.

Wenn wir also die Seite umblättern, um mit dieser Untersuchung zu beginnen, laden wir Sie ein, sich uns mit einem offenen Geist anzuschließen. Seien Sie darauf vorbereitet, konventionelle Weisheiten in Frage zu stellen, Ihre bestehenden Überzeugungen zu hinterfragen und mit einem klareren, nuancierteren Verständnis von zwei der wichtigsten Rollen in jeder Organisation hervorzugehen: der eines Managers und einer Führungskraft. Wir hoffen, dass diese Reise Ihre Sichtweise bereichern und Sie in die Lage versetzen wird, einen wirksameren Beitrag zu Ihrem Unternehmen und zu Ihrer eigenen persönlichen Entwicklung zu leisten.

Um die Feinheiten von Management und Führung zu verstehen, müssen wir uns zunächst mit den gängigen Missverständnissen auseinandersetzen, die diese Begriffe umgeben. In vielen Kreisen, vor allem außerhalb des akademischen oder professionellen Diskurses, wird "Management" einfach als der Akt der Überwachung von Aufgaben gesehen, während "Führung" als der Akt der Inspiration von Massen übermäßig romantisiert werden kann. Solche Interpretationen sind zwar nicht gänzlich falsch, aber sie sind zu vereinfachend und erfassen nicht die Tiefe und Breite dessen, was diese Begriffe wirklich bedeuten.

Eine Kurze Einführung in die Begriffe

Die Konzepte des Managements und der Führung haben sich im Laufe der Geschichte zu einem reichhaltigen Teppich verwoben, der im Laufe der Zeit gewebt wurde. Der Begriff "Management", abgeleitet vom lateinischen "manus", was "Hand" bedeutet, bezog sich ursprünglich auf den Umgang mit einem Werkzeug oder einem Pferd. Im Laufe der Zeit, als die Gesellschaften immer komplexer und organisierter wurden, entwickelte sich der Begriff weiter. Zur Zeit der industriellen Revolution nahm er eine strukturiertere Form an und bezog sich auf die Orchestrierung von Prozessen, Menschen und Ressourcen, um bestimmte Ziele zu erreichen.

Verwaltung

Management ist im Wesentlichen der Akt der Koordinierung von Bemühungen zur Erreichung vorher festgelegter Ziele. Diese Koordination wird durch den strategischen Einsatz von Ressourcen erreicht, seien es menschliche, finanzielle, technologische oder physische. Management umfasst ein breites Spektrum von Tätigkeiten, darunter die Planung, Organisation, Leitung und Kontrolle der Tätigkeiten einer Organisation.

Das Konzept des Managements beinhaltet mehrere Elemente:

- Kontrolle: Manager haben die Aufgabe, dafür zu sorgen, dass Prozesse und Aktivitäten innerhalb der vorgegebenen Parameter bleiben. Dies kann bedeuten, dass sie Finanzbudgets überwachen, sicherstellen, dass die Teams die Projektfristen einhalten, oder Risiken abmildern, die die Unternehmensziele gefährden könnten.

- Effizienz: Im Kern geht es beim Management darum, mit einem Minimum an Input ein Maximum an Output zu erzielen. Ob es um die Optimierung von Produktionslinien in einer Fabrik oder die Rationalisierung eines Softwareentwicklungsprozesses geht, das Ziel ist immer die Verbesserung der Effizienz.

- Prozesse: Das Management ist eng mit der Einrichtung und Aufrechterhaltung von Prozessen verbunden. Gut definierte Prozesse sorgen für Konsistenz, Vorhersehbarkeit und Zuverlässigkeit im Betrieb.

Im Bereich der Organisationshierarchie sind Manager in der Regel Personen, die entweder durch ihre Position oder durch Delegation die Verantwortung für bestimmte Funktionen, Abteilungen oder Teams erhalten haben. Sie sorgen dafür, dass die Arbeit erledigt wird, die Ziele erreicht und die Ressourcen effektiv genutzt werden.

Der Begriff "Führung" hingegen hat seinen Ursprung in den alten Zivilisationen. Anführer waren oft diejenigen, die an vorderster Front standen und Stämme, Gemeinschaften oder ganze Nationen leiteten. Ob in der Schlacht, bei Wanderungen oder beim Regieren, bei der Führung ging es darum, eine Vision zu entwickeln und die Menschen dafür zu mobilisieren. Von den ägyptischen Pharaonen bis hin zu den Stammeshäuptlingen indigener Gesellschaften ging es bei der Führung immer um Orientierung, Inspiration und manchmal auch um Veränderung.

Leiterschaft

Leadership umfasst zwar einige Facetten des Managements, ist aber in Umfang und Tiefe breiter angelegt. Führung ist die Fähigkeit, Einzelpersonen oder Gruppen zu beeinflussen und zu leiten, um ein gemeinsames Ziel oder eine gemeinsame Vision zu erreichen. Dabei geht es weniger um Prozesse und mehr um Menschen, weniger um Kontrolle und mehr um Inspiration.

Zu den Schlüsselelementen der Führung gehören:

- Inspiration: Führungspersönlichkeiten entfachen Leidenschaft und Motivation. Sie inspirieren Teams dazu, über sich hinauszuwachsen, nicht weil sie es müssen, sondern weil sie es wollen.

- Vision: Führungspersönlichkeiten haben eine zukunftsorientierte Perspektive. Sie können sich eine Zukunft vorstellen, die es vielleicht noch gar nicht gibt, und sind in der Lage, diese Vision so zu vermitteln, dass sie bei anderen ankommt.

- Den Status Quo in Frage stellen: Echte Führung bedeutet oft, über den Tellerrand hinauszuschauen. Führungspersönlichkeiten scheuen sich nicht, in ihrem Streben nach Spitzenleistungen und Innovation bestehende Normen oder Paradigmen in Frage zu stellen.
- Befähigung: Führungspersönlichkeiten befähigen die Menschen in ihrem Umfeld. Sie schaffen ein Umfeld, in dem sich jeder Einzelne wertgeschätzt und gehört fühlt und motiviert ist, Initiative zu ergreifen.

Im weiteren Sinne ist Führung nicht auf Titel oder Positionen beschränkt. Während CEOs, Gründer oder Direktoren aufgrund ihrer Rolle als Führungspersönlichkeiten wahrgenommen werden, kann sich Führung auf jeder Ebene in einer Organisation manifestieren. Ein Teamleiter, ein Projektkoordinator oder sogar ein Praktikant kann Führungsqualitäten zeigen, indem er seine Mitmenschen beeinflusst und inspiriert.

Fehlinterpretationen und Grobe Vereinfachungen

Die Dynamik von Management und Führung wurde im Laufe der Zeit durch verschiedene Stereotypen und falsche Vorstellungen geprägt. Einige dieser Vorstellungen mögen zwar der Wahrheit entsprechen, übersehen aber oft die vielfältigen Aufgaben und die Komplexität, die beiden Rollen innewohnen.

Wenn man an Management denkt, hat man oft das Bild einer strengen Person vor Augen, die ein Klemmbrett in der Hand hält, die Mitarbeiter überwacht und sicherstellt, dass die Aufgaben buchstabengetreu ausgeführt werden. Dieses Bild, das in den Medien und in der Popkultur häufig gezeichnet wird, schmälert die vielfältigen Aufgaben, die ein Manager hat. Manager sind nicht einfach nur Aufseher, sondern strategische Denker, die das große Ganze im Auge behalten, Herausforderungen vorhersehen und Entscheidungen mit weitreichenden Auswirkungen treffen müssen. Sie spielen auch eine zentrale Rolle in der Teamdynamik, indem sie individuelle Stärken erkennen, Schwächen ansprechen und ein kohäsives Teamumfeld fördern. Darüber hinaus erfordert die sich rasch entwickelnde Unternehmenslandschaft, dass Manager sich ständig weiterbilden, ihre Fähigkeiten aktualisieren und sich an neue Trends und Technologien anpassen.

Auf der anderen Seite des Spektrums steht die Führung, die oft als das Reich charismatischer Wegbereiter romantisiert wird, als Personen, die allein durch ihre Persönlichkeit inspirieren und Veränderungen bewirken können. Während Charisma zweifellos ein Pluspunkt ist, ist Führung sehr viel differenzierter. Wahre Führungspersönlichkeiten sind sowohl Visionäre als auch geerdete Realisten. Sie haben die Fähigkeit, sich die Zukunft vorzustellen und gleichzeitig die praktischen Aspekte und Herausforderungen der Gegenwart zu verstehen. Ihre Stärke liegt nicht nur in der Führung, sondern auch darin, eine echte Verbindung zu den Menschen herzustellen und ihre Wünsche, Ängste und Motivationen zu verstehen. Außerdem geht es bei der Führung nicht nur um Höhenflüge, sondern auch um Widerstandsfähigkeit. Führungspersönlichkeiten meistern Rückschläge und Herausforderungen, passen ihre Strategien an und halten die Moral aufrecht, selbst wenn sie mit Widrigkeiten konfrontiert sind.

Eine weitere Ebene der Komplexität ist die Verflechtung der Rollen in modernen Organisationen. Die Manager von heute müssen oft die Rolle von Führungskräften übernehmen, insbesondere in dynamischen Umgebungen wie Start-ups. Umgekehrt müssen sich Führungskräfte in etablierten Unternehmen möglicherweise in operative Details vertiefen, um sinnvolle Veränderungen zu bewirken.

Um die Bereiche Management und Führung wirklich zu verstehen und zu schätzen, muss man über die Stereotypen hinausschauen. Man muss die Tiefe, die Herausforderungen und die Chancen erkennen, die beide Rollen mit sich bringen, um ein umfassenderes Verständnis für ihre Bedeutung bei der Gestaltung der Unternehmenswelt zu erlangen.

Wie sich die Bedeutung und die Implikationen beider Begriffe im Laufe der Zeit entwickelt haben

Die Arbeitswelt und die Organisationsstrukturen haben sich im letzten Jahrhundert grundlegend verändert. Der technologische Fortschritt, die Globalisierung und die Demokratisierung von Informationen haben diese Veränderungen katalysiert und sich auf das Wesentliche dessen ausgewirkt, was es bedeutet, zu managen und zu führen.

Die Evolutionäre Reise des Managements

In der ersten Hälfte des 20. Jahrhunderts, mit dem Aufkommen des Industriezeitalters, legten Unternehmen vor allem Wert auf Effizienz und Standardisierung. Die Fließbandmethoden, für die sich Persönlichkeiten wie Henry Ford einsetzten, waren der Inbegriff dieser Ära. Beim Management ging es um die Optimierung von Prozessen, und Manager waren so etwas wie Aufseher, die dafür sorgten, dass die Rädchen in der Maschine reibungslos liefen.

In der zweiten Hälfte des 20. und zu Beginn des 21. Jahrhunderts begann die Unternehmenswelt zu erkennen, dass Effizienz allein kein nachhaltiger Wettbewerbsvorteil ist. Mit der digitalen Revolution wurden die Märkte unbeständiger, der Wettbewerb härter, und Innovation wurde zum Gebot der Stunde.

Das Management umfasste nun mehr als nur die Verwaltung. Strategie und Weitsicht wurden unerlässlich. Manager waren nicht mehr nur Vorgesetzte; von ihnen wurde erwartet, dass sie Marktveränderungen vorhersehen, Innovationen vorantreiben und kritische Entscheidungen treffen, die die Richtung des Unternehmens bestimmen können. Das Aufkommen von

Konzepten wie "Intrapreneurship" verdeutlichte diesen Wandel, bei dem Manager in großen Organisationen ermutigt wurden, wie Unternehmer zu denken, neue Chancen zu erkennen und Innovationen voranzutreiben.

Dieser Wandel in der Rolle des Managements spiegelt die allgemeinen Veränderungen im Unternehmensumfeld wider. Der Wandel wurde zum Teil durch Fortschritte in Technologie und Kommunikation vorangetrieben. Während sich Manager früher in erster Linie auf interne Abläufe konzentrierten, hat die globale Reichweite, die durch das Internet und digitale Technologien ermöglicht wurde, den Umfang ihrer Aufgaben auf eine breite Palette externer Faktoren wie globale Lieferketten, Offshoring und die Komplexität, die mit der Verwaltung einer geografisch verstreuten Belegschaft einhergeht, erweitert.

Dieser Wandel wurde durch die veränderten Erwartungen der Verbraucher noch verstärkt. Der moderne Verbraucher ist besser informiert und hat eine größere Auswahl als je zuvor. Sie erwarten individuelle Anpassung, schnelle Reaktion und hohe Qualität. Diese Erwartungen zu erfüllen, erfordert ein Maß an Flexibilität und Kundenorientierung, das das alte Fließbandmodell des Managements einfach nicht bieten kann. Es geht nicht nur darum, ein Produkt oder eine Dienstleistung so effizient wie möglich zu produzieren; es geht darum, etwas zu produzieren, das jemand tatsächlich will, und sich schnell anzupassen, wenn sich diese Wünsche ändern.

Die Herausforderungen, die sich aus sozialen und ökologischen Erwägungen ergeben, haben das Management komplexer, aber auch kritischer gemacht. Themen wie Nachhaltigkeit, soziale Verantwortung der Unternehmen und ethische Unternehmensführung zwingen die Manager, nicht nur die Rentabilität zu berücksichtigen, sondern auch die weiterreichenden Auswirkungen ihrer Entscheidungen auf die Gemeinschaft und die Umwelt.

Diese Veränderungen haben sich auch auf die Qualifikationen ausgewirkt, die von effektiven Managern verlangt werden. Die Beherrschung von Technologien wie Datenanalysetools, Software für das Kundenbeziehungsmanagement und anderen digitalen Plattformen ist unverzichtbar geworden. Emotionale Intelligenz, interkulturelles Bewusstsein und die Fähigkeit, mit Vielfalt umzugehen, sind zunehmend geschätzte Fähigkeiten und spiegeln eine allgemeine Verlagerung vom "Befehls- und Kontrollmodell" hin zu einem beratenden und integrativen Managementstil wider.

Wir sehen jetzt eine ganzheitlichere Form des Managements, die die administrativen Fähigkeiten der Vergangenheit mit dem strategischen Weitblick, der emotionalen Intelligenz und den technologischen Kenntnissen verbindet, die für die Zukunft erforderlich sind. Von Managern wird heute erwartet, dass sie auch Führungskräfte sind, die ihre Teams durch ein unsicheres Umfeld führen und dabei langfristige Ziele im Auge haben, während sie sich um die unmittelbaren Bedürfnisse des Tages kümmern.

Diese Entwicklung des Managements ist eine faszinierende Reise, die seine Anpassungsfähigkeit und Widerstandsfähigkeit als Disziplin unterstreicht. Es ist ein Wandel, der anerkennt, dass Menschen, Technologie und Strategie keine getrennten Bereiche sind, sondern miteinander verbundene Zahnräder in der komplexen Maschinerie, die moderne Unternehmen antreibt. Und mit Blick auf die Zukunft ist klar, dass sich die Rolle des Managements weiter entwickeln wird, geprägt von technologischen Fortschritten, gesellschaftlichen Veränderungen und dem ständigen Bestreben, neue und bessere Wege zu finden.

Führung: Von Hierarchien zu Netzwerken

Die frühe Vorstellung von Führung war stark an Autorität, Hierarchie und Charisma gebunden. Führungspersönlichkeiten wurden oft als Figuren an der Spitze von Organisationen gesehen

- Personen mit einem fast magnetischen Charme, die in der Lage waren, Massen hinter sich zu scharen. Ihre Worte wurden oft als Evangelium angesehen, und Widerspruch war selten erwünscht.

In der zweiten Hälfte des 20. Jahrhunderts begannen diese traditionellen Vorstellungen in Frage gestellt zu werden. Die Bürgerrechtsbewegung, die Frauenbewegung und andere soziokulturelle Revolutionen trugen dazu bei, das Konzept der Führung zu demokratisieren. Es ging nicht mehr nur um autoritäre Figuren an der Spitze, sondern um Einfluss, unabhängig von der eigenen Position in der Hierarchie.

Mit dem Aufkommen des Informationszeitalters wurde dieser Wandel noch beschleunigt. Als die Organisationen flacher wurden und sich die Teamdynamik änderte, begann man, Führung auf allen Ebenen anzuerkennen. Teamleiter, Projektmanager und sogar einzelne Mitarbeiter konnten ihre Führungsqualitäten unter Beweis stellen, indem sie die Ergebnisse beeinflussten, die Zusammenarbeit förderten und Veränderungen vorantrieben.

In der heutigen vernetzten Welt geht es bei der Führung auch um den Aufbau und die Pflege von Beziehungen. Es geht darum, eine Kultur zu fördern, in der sich jedes Teammitglied ermächtigt fühlt, seine Meinung zu äußern, die Initiative zu ergreifen und einen Beitrag zu einer umfassenderen Vision zu leisten. Wie John Quincy Adams treffend formulierte, geht es darum, andere zu inspirieren, mehr zu träumen, mehr zu lernen und mehr zu werden.

Diese Demokratisierung der Führung geht Hand in Hand mit dem Aufkommen kooperativerer Organisationsstrukturen. Vorbei sind die Zeiten, in denen die Führung auf die C-Suite beschränkt war. Heute durchdringt sie das gesamte Unternehmen, von den Mitarbeitern an der Front bis hin zur Spitze. Die Dezentralisierung der Entscheidungsfindung, die durch digitale Tools und Plattformen ermöglicht wird, erlaubt eine schnellere und flexiblere Reaktion auf Herausforderungen und Chancen. In diesem Zusammenhang besteht die Rolle der Führungskraft nicht so sehr darin, Maßnahmen zu diktieren, sondern vielmehr die Voraussetzungen für Innovationen zu schaffen und Teammitglieder in die Lage zu versetzen, Visionen effektiv umzusetzen.

Das Entstehen globaler Netzwerke und funktionsübergreifender Teams hat die Führungsarbeit noch komplizierter und reicher gemacht. Mehr denn je müssen Führungskräfte heute die Feinheiten der kulturübergreifenden Kommunikation verstehen und nicht nur abteilungsübergreifend, sondern auch über Zeitzonen und Landesgrenzen hinweg agieren. Führungskräfte sind heute Vermittler, die eine Brücke zwischen verschiedenen Interessengruppen wie Mitarbeitern, Kunden und Aktionären schlagen, um Synergien und gegenseitiges Verständnis zu schaffen.

Der Wandel von der hierarchischen zur vernetzten Führung bringt auch andere Fähigkeiten mit sich. Emotionale Intelligenz, strategischer Weitblick und Anpassungsfähigkeit werden wichtiger denn je. Die Fähigkeit, andere zu inspirieren und das Beste aus ihnen herauszuholen, hat Vorrang vor autokratischen Entscheidungen. Eine effektive moderne Führungskraft wird oft als "dienende Führungskraft" beschrieben, die führt, indem sie anderen dient und die Bedürfnisse ihrer Teams erfüllt, um Leistung und Wohlbefinden zu steigern.

Auch das Konzept der "verteilten Führung" gewinnt in dieser Ära der Netzwerke an Bedeutung. Verteilte Führung bedeutet, dass die Aufgabe der Führung auf mehrere Personen verteilt werden kann, anstatt von einer einzigen charismatischen Person wahrgenommen zu werden. Diese Form der Führung erkennt die verschiedenen Stärken und Fähigkeiten eines Teams an und setzt sie zum Nutzen der Organisation ein.

Der Übergang zur vernetzten Führung hat auch Auswirkungen auf die Art und Weise, wie wir Führungskräfte ausbilden. Schulungsprogramme gehen über die traditionellen Managementfähigkeiten hinaus und umfassen auch Lektionen in Zusammenarbeit, Konfliktlösung und sogar Achtsamkeit. Coaching und Mentoring von Führungskräften konzentrieren sich jetzt oft darauf, wie man eine effektive Führungskraft in einem dezentralisierten, vernetzten Kontext ist, und betonen die Bedeutung von Soft Skills wie Empathie und Zuhören.

Dieser Wandel hat auch erhebliche Auswirkungen auf Vielfalt und Integration. Das vernetzte Führungsmodell ist von Natur aus integrativer, da es Menschen mit unterschiedlichem Hintergrund und unterschiedlichen Fähigkeiten ermöglicht, Führungsaufgaben zu übernehmen. Das autoritäre Modell begünstigte oft diejenigen, die in ein bestimmtes Schema passten, aber die komplexen Herausforderungen von heute erfordern eine Vielzahl von Perspektiven und Fähigkeiten, was Vielfalt zu einem geschäftlichen und nicht nur zu einem sozialen Gebot macht.

Während wir uns durch die Komplexität des 21. Jahrhunderts bewegen, ist es klar, dass sich das Modell der Führung ständig weiterentwickelt, um den Anforderungen einer sich schnell verändernden Welt gerecht zu werden. Die Zukunft der Führung wird wahrscheinlich noch dezentraler, stärker auf Soft Skills angewiesen und integrativer sein als heute. Und genau wie ihr Gegenstück, das Management, wird sich auch die Führung weiter anpassen und ihre Widerstandsfähigkeit und Relevanz für die Gestaltung nicht nur von Organisationen, sondern der Gesellschaft insgesamt unter Beweis stellen.

Konvergenz der Rollen

Das heutige Geschäftsumfeld, das durch rasante technologische Fortschritte, Globalisierung und wechselnde organisatorische Paradigmen gekennzeichnet ist, hat eine Neubewertung der traditionellen Rollen in Unternehmen erforderlich gemacht. In dem Maße, wie die Grenzen zwischen den Branchen verschwimmen und neue Herausforderungen entstehen, beginnen auch die Grenzen zwischen Management und Führung zu verschwimmen. Diese Konvergenz ist mehr als nur eine Überschneidung; sie ist eine symbiotische Entwicklung, die die Stärken beider Rollen anerkennt und sie zum Nutzen moderner Organisationen miteinander verbindet.

In der Vergangenheit wurden Manager in erster Linie als Verwalter von Prozessen angesehen. Sie sorgten dafür, dass die Aufgaben erledigt, die Ressourcen effizient eingesetzt und die Ziele erreicht wurden. Ihr Bereich war das Greifbare, das Messbare, das Alltägliche. Führung hingegen war eine immaterielle Angelegenheit. Führungspersönlichkeiten waren Visionäre, die inspirierten, große Träume hatten und den Kurs für die Zukunft festlegten. Sie waren die Motivatoren, die Agenten des Wandels, die Umstürzler.

Da die Unternehmen mit einer zunehmend volatilen, unsicheren, komplexen und mehrdeutigen (oft als VUCA bezeichneten) Welt konfrontiert sind, wurde deutlich, dass diese isolierten Rollen unzureichend waren. Unternehmen brauchten Manager, die inspirieren und führen konnten, und Führungskräfte, die die Feinheiten des Betriebs verstanden und ihre Visionen effektiv umsetzen konnten.

Die Manager von heute beschränken sich nicht mehr nur auf die Überwachung des Betriebs. Sie müssen proaktiv handeln, Marktveränderungen vorhersehen, innovativ sein und vor allem ihre Teams inspirieren. Ein Manager in einem modernen Unternehmen überwacht nicht nur die Leistungskennzahlen, sondern gestaltet auch die Unternehmenskultur, fördert die Zusammenarbeit und stellt sicher, dass die Teammitglieder mit der Vision und den Werten des Unternehmens übereinstimmen. Dieser Wandel erfordert, dass sie viele der Eigenschaften verkörpern, die traditionell mit Führungskräften in Verbindung gebracht werden - von visionärem Denken bis hin zu Empathie.

Führungskräfte stellen fest, dass eine Vision ohne Umsetzung nutzlos ist. Eine großartige Strategie, die nicht in der betrieblichen Realität verankert ist, läuft Gefahr, zu einem reinen Wunschtraum zu werden. Effektive Führungskräfte von heute tauchen daher in die Feinheiten ihrer Organisationen ein. Sie arbeiten eng mit ihren Teams zusammen, verstehen die Herausforderungen an der Basis und setzen Managementprinzipien ein, um sicherzustellen, dass ihre Visionen in umsetzbare, realisierbare Pläne umgesetzt werden.

Diese Konvergenz spiegelt sich auch in den Organisationsstrukturen wider. Hierarchische, von oben nach unten gerichtete Strukturen weichen agileren, teambasierten Modellen. Hier ist die Führung verteilt, und die Rollen der Führungskräfte sind fließend. Ein Projektleiter von heute kann morgen ein Teammitglied sein, und die Führung ist oft situationsabhängig und basiert auf Fachwissen und Bedarf und nicht auf dem Titel.

Die moderne Unternehmenslandschaft erfordert Fachleute, die die strategische Voraussicht von Führungskräften mit der taktischen Präzision des Managements nahtlos verbinden können. Diese Konvergenz der Rollen stellt sicher, dass Unternehmen agil und widerstandsfähig bleiben und für die komplexen Herausforderungen des 21. Jahrhunderts gerüstet sind.

Die Konvergenz der Rollen von Führung und Management ist nicht nur ein Trend, sondern ein bedeutender Paradigmenwechsel, der den komplexen Anforderungen des heutigen Geschäftsumfelds gerecht wird. In einer Zeit, in der Anpassungsfähigkeit und Agilität nicht nur wünschenswert, sondern überlebenswichtig sind, können sich Unternehmen den Luxus starr definierter Rollen nicht mehr leisten. Stattdessen hat sich der Schwerpunkt auf die Ausbildung vielseitiger Fachkräfte verlagert, die je nach Situation sowohl die Rolle einer Führungskraft als auch die eines Managers übernehmen können.

Dies gilt insbesondere für Sektoren, die sehr unbeständig sind und einem schnellen Wandel unterliegen, wie z. B. Technologie, Gesundheitswesen und erneuerbare Energien. In diesen Branchen müssen Fachleute in der Lage sein, in kürzester Zeit umzuschalten. Manager müssen in der Lage sein, nicht nur logistische, sondern auch strategische Anweisungen zu geben und Daten und Erkenntnisse zusammenzufassen, um eine sofortige und langfristige Planung zu ermöglichen. Sie müssen auch ein Umfeld fördern, in dem Innovation gedeiht, und sicherstellen, dass die Teams sowohl die Ressourcen als auch die psychologische Sicherheit haben, um neue Ideen zu erforschen und kalkulierte Risiken einzugehen. In einem solchen Umfeld gehen die Aufgaben einer Führungskraft weit über die Verwaltung hinaus und reichen bis in den Bereich der Förderung von Kreativität und Talententwicklung - Bereiche, die traditionell mit Führung in Verbindung gebracht werden.

Die Führungskräfte ihrerseits können es sich nicht mehr leisten, als abgehobene Visionäre zu agieren, die von der Realität der täglichen Arbeit abgekoppelt sind. Es steht zu viel auf dem Spiel und das Tempo der Veränderungen ist zu hoch, als dass Führungskräfte in einer Seifenblase agieren könnten. Sie müssen die operativen Fähigkeiten, Stärken und Schwächen ihres Unternehmens genau kennen. Außerdem müssen sie in der Lage sein, ihre Visionen in umsetzbare Begriffe zu fassen und große Ideen in umsetzbare Schritte und Meilensteine zu zerlegen. Dies erfordert ein Verständnis für die Managementfähigkeiten der Projektplanung, der Leistungsbewertung und der Ressourcenzuweisung.

Auch die strukturellen Veränderungen in den Organisationen unterstützen diese Konvergenz. Der Wechsel von hierarchischen zu flacheren Organisationsmodellen wurde durch technologische Fortschritte erleichtert. Tools für die Zusammenarbeit, Projektmanagement-Software und Echtzeit-Analyse-Dashboards ermöglichen es den Teams, sich autonomer zu verwalten. Infolgedessen nimmt die Rolle eines zentralen Managers oder einer Führungskraft, der bzw. die alle Aktionen steuert, immer mehr ab. In diesem Umfeld werden Aufgaben wie die Festlegung der Richtung des Teams, die Motivation der Kollegen oder die Lösung von Konflikten häufig unter den Teammitgliedern aufgeteilt. Auf diese Weise sammelt jeder Erfahrungen im Management und in der Führung, was wiederum zur Verschmelzung dieser Rollen beiträgt.

Auch die Bildungs- und Ausbildungsprogramme für angehende Manager und Führungskräfte spiegeln diese Konvergenz wider. Business Schools und Unternehmenstrainingsprogramme konzentrieren sich zunehmend auf einen ganzheitlichen Lehrplan, der sowohl Hard- als auch Soft Skills umfasst. Fächer wie emotionale Intelligenz, ethische Entscheidungsfindung und kulturelle Kompetenz werden neben traditionellen Kursen in Finanzwesen, Marketing und Betriebsführung unterrichtet. Auf diese Weise entsteht ein Kader von Fachleuten, die sich in strategischen Planungssitzungen ebenso wohl fühlen wie bei operativen Überprüfungen.

Die Grenzen zwischen Führung und Management werden zunehmend durchlässig, wenn nicht sogar ganz verschwinden. Vom modernen Fachmann wird erwartet, dass er ein Hybrid ist, der mühelos zwischen visionärem Denken und detailorientierter Ausführung wechseln kann. Diese Synthese der Rollen ist entscheidend für Unternehmen, die in einer von ständigem Wandel und Ungewissheit geprägten Unternehmenslandschaft die Nase vorn haben wollen. Es handelt sich um eine transformative Entwicklung, die Organisationen dynamischer, widerstandsfähiger und letztendlich erfolgreicher machen wird.

Kapitel 2: Hauptmerkmale von Managern

Wenn wir die Landschaft moderner Organisationen durchqueren, taucht der Begriff "Management" immer wieder auf, ein Monolith, der seinen Schatten auf alle Unternehmensfunktionen und -abläufe wirft. Management ist ein Konstrukt, das für den Erfolg und manchmal auch für das Scheitern eines Unternehmens von entscheidender Bedeutung ist und oft mit dem Begriff der Führung verwoben ist. Aber was meinen wir wirklich, wenn wir von Management sprechen? Handelt es sich dabei lediglich um eine Reihe von Prozessen, die die Effizienz einer Organisation sicherstellen sollen, oder steht es für etwas Tiefgründigeres, für einen systematischen Ansatz zur Lösung komplexer Herausforderungen in einer sich ständig weiterentwickelnden Welt?

In diesem Kapitel werden wir uns auf eine Reise begeben, um das Wesen des Managements zu entschlüsseln, seine historischen Grundlagen zu erforschen, seine wichtigsten Merkmale zu untersuchen und die vielschichtige Rolle des modernen Managers zu beleuchten. Ziel ist es nicht nur zu definieren, was Management ist, sondern auch zu verstehen, warum es wichtig ist, wie sich das Konzept im Laufe der Zeit gewandelt hat und was es in den labyrinthischen, oft unvorhersehbaren Korridoren der heutigen Unternehmenswelt bedeutet.

Wir beginnen damit, die Ursprünge und die Entwicklung des Managements als Konzept nachzuvollziehen, von seinen rudimentären Formen in den alten Zivilisationen bis hin zu seinem heutigen, äußerst nuancierten Zustand. Das Verständnis dieser Entwicklung ist von zentraler Bedeutung, denn es schafft die Voraussetzungen, um die Komplexität zu verstehen, mit der moderne Manager konfrontiert sind. Sie sind die Fackelträger eines Erbes, das von wirtschaftlichen Verschiebungen, technologischen Fortschritten und gesellschaftlichen

Veränderungen geprägt wurde - ein Erbe, das sie nun für die Zukunft anpassen müssen.

Als nächstes konzentrieren wir uns auf die wichtigsten Merkmale, die das Rückgrat des Managements bilden: Kontrolle, Effizienz und Prozesse. Jedes dieser Elemente stellt ein Objektiv dar, durch das Management betrachtet werden kann, ein Puzzleteil, das zusammen mit anderen ein umfassendes Bild ergibt. Diese Merkmale sind jedoch nicht statisch; sie passen sich an die Bedürfnisse unterschiedlicher Organisationsstrukturen und Ziele an und verändern sich.

Schließlich wird die Rolle des modernen Managers beleuchtet, ein Thema von großer Tragweite und Vielfalt. Wer sind diese Personen, die die Zügel des Managements in der Hand halten, und was genau wird von ihnen erwartet? Wir befassen uns mit den zahllosen Aufgaben, die ihre Rolle umfasst, mit der Denkweise, die sie zur Problemlösung und Optimierung einsetzen, und mit den besonderen Herausforderungen, denen sie sich stellen müssen. Indem wir diese Aspekte verstehen, erkennen wir auch die allgegenwärtige Dualität des Managerseins an: die Notwendigkeit, die Kontrolle zu behalten und gleichzeitig die Innovation zu fördern, die Herausforderung, die Effizienz zu fördern, ohne die Kreativität zu ersticken, und die Kunst, Prozesse zu etablieren, die sowohl streng als auch flexibel sind.

Wenn wir uns mit diesen Themen beschäftigen, wollen wir Ihnen ein differenziertes Verständnis von Management vermitteln, das über die Definitionen aus den Lehrbüchern hinausgeht. Wir bemühen uns um eine ganzheitliche Sichtweise, die die reiche Geschichte des Fachgebiets respektiert und gleichzeitig die Anforderungen der modernen Zeit berücksichtigt. Lassen Sie uns also auf diese intellektuelle Entdeckungsreise gehen, bewaffnet mit Neugier und der Bereitschaft, unsere vorgefassten Meinungen darüber zu hinterfragen, was es wirklich bedeutet, in der Welt des Managements tätig zu sein.

Eintauchen ins Management: Ursprünge und Entwicklung

Das Konzept des Managements hat tiefe historische Wurzeln, die bis zu den alten Zivilisationen zurückreichen, in denen die Grundlagen der Organisation von Arbeit und Ressourcen erstmals festgelegt wurden. Auch wenn der Begriff "Management" untrennbar mit der modernen Ära verbunden zu sein scheint, wurden seine Grundsätze schon lange vor der Einführung des Wortes im allgemeinen Sprachgebrauch angewandt.

In der Antike erforderte der Bau monumentaler Bauwerke wie der Pyramiden in Ägypten oder der Großen Mauer in China eine frühe Form des Projektmanagements. Obwohl die Methoden im Vergleich zu den heutigen Standards rudimentär waren, beinhalteten sie Elemente der Planung, der Ressourcenzuweisung und der Überwachung - Kernbestandteile des modernen Managements.

Der Begriff "Management", wie wir ihn heute verstehen, hat seine Wurzeln jedoch eher in der Zeit der industriellen Revolution. Der Übergang von der Agrargesellschaft zu den städtischen Industriezentren erforderte neue Wege zur Organisation von Arbeit und Prozessen. Theorien des Managements begannen sich zu entwickeln und gipfelten in klassischen Ansätzen wie Frederick Taylors Scientific Management, das den Schwerpunkt auf Effizienz, Standardisierung und die Optimierung der manuellen Arbeit legte. Etwa zur gleichen Zeit legte Max Webers Theorie der Bürokratie den Rahmen für die Organisationsstruktur fest und betonte Hierarchie, definierte Rollen und ein rational-rechtliches Autoritätsmodell. Diese Perspektiven bildeten die Grundlage für die Art und Weise, wie Management für einen großen Teil des 20. Jahrhunderts praktiziert wurde - weitgehend mechanistisch, stark prozessorientiert und auf Befehl und Kontrolle ausgerichtet.

Mit der zunehmenden Komplexität des Unternehmensumfelds wurden jedoch die Grenzen der klassischen Managementtheorien deutlich. In der zweiten Hälfte des 20. Jahrhunderts kamen ganzheitlichere Ansätze auf. Die Human-Relations-Bewegung, die von Wissenschaftlern wie Elton Mayo angeführt wurde, unterstrich die Bedeutung sozialer Faktoren am Arbeitsplatz, einschließlich der Arbeitsmoral und der Gruppenbeziehungen. Man begann, Management nicht nur als eine Reihe mechanischer Aufgaben zu betrachten, sondern als ein komplexes Zusammenspiel von Beziehungen, Motivationen und menschlicher Psychologie.

In den letzten Jahrzehnten hat sich der Begriff des Managements noch weiter entwickelt, um dem raschen technologischen Wandel, der Globalisierung und dem Aufstieg der Wissensarbeiter Rechnung zu tragen. Die heutigen Managementtheorien konzentrieren sich häufig auf Anpassungsfähigkeit, Innovation und die Bedeutung der Wertschöpfung. Konzepte wie Lean Management und agile Methoden sind in den Vordergrund gerückt und legen den Schwerpunkt auf Flexibilität, Zusammenarbeit und Kundenorientierung.

Modernes Management umfasst heute eine Vielzahl von Funktionen, von der strategischen Planung und Finanzaufsicht bis hin zur Personalentwicklung und zum Innovationsmanagement. In einer Welt, die von ständigem Wandel geprägt ist, sind Manager zu Orchestratoren der Anpassungsfähigkeit geworden, die ein breites Spektrum von Aufgaben und Rollen in sich vereinen. Von ihnen wird erwartet, dass sie strategische Denker sind, die datengestützte Entscheidungen treffen können, Führungskräfte, die Teams inspirieren können, und Visionäre, die in der Lage sind, das Unternehmen durch die turbulenten Gewässer der modernen Unternehmenslandschaft zu steuern.

Management als Konzept und Praxis hat sich von der einfachen Arbeitsorganisation zu einer vielseitigen Disziplin entwickelt. Diese Entwicklung spiegelt die komplexe, dynamische Natur der heutigen Organisationen und die sich ständig ändernden Herausforderungen wider, mit denen sie konfrontiert sind.

Die Entwicklung des Managements spiegelt die größeren Ströme der Menschheitsgeschichte wider, die von den einfachen Agrargesellschaften von einst bis zur heutigen hypervernetzten, technologiegesteuerten Welt reichen. Die Entwicklung ist nicht nur linear, sondern spiegelt auch wider, wie die Komplexität, der Umfang und die Auswirkungen menschlicher Unternehmungen zugenommen haben. Diese Reise lässt sich am besten als eine Reihe von Paradigmenwechseln verstehen, die jeweils neue Herausforderungen und Chancen mit sich bringen, die durch technologische, soziale und wirtschaftliche Veränderungen hervorgerufen werden.

Schon in den frühesten Agrargesellschaften gab es Management als eine rudimentäre Form der Organisation von Arbeit und Ressourcen, um zu überleben. Doch der Beginn der industriellen Revolution im späten 18. und frühen 19. Jahrhundert markierte einen seismischen Wandel, nicht nur bei den Produktionsmethoden, sondern auch bei der systematischen Organisation der Arbeit. Frederick Taylors wissenschaftliches Management und Max Webers bürokratische Grundsätze stellten eine strukturierte, rationalisierte Art der Unternehmensführung vor. Es war eine Ära, in der es beim Management im Wesentlichen darum ging, Probleme so effizient wie möglich zu lösen - oft auf Kosten des Wohlergehens der Arbeitnehmer. Der Schwerpunkt lag auf funktionaler Spezialisierung und hierarchischer Entscheidungsfindung und spiegelte die maschinenähnlichen Produktionsprozesse wider, die sie verwalteten.

Mit zunehmender Größe und Komplexität der Unternehmen wurden die Grenzen dieser frühen Managementtheorien jedoch immer deutlicher. So entstand die Human-Relations-Bewegung, die davon ausging, dass Arbeitnehmer nicht nur Rädchen in der Maschine sind, sondern soziale Wesen, deren Bedürfnisse und

Motivationen ihre Produktivität beeinflussen. Manager wurden nicht mehr nur als Aufseher über die Arbeit gesehen, sondern als Förderer eines förderlichen Arbeitsumfelds, in dem das menschliche Element anerkannt und gefördert wird. Damit verlagerte sich der Schwerpunkt des Managements von der reinen "Aufgabe" zu einer ausgewogenen Betonung von "Aufgabe und Beziehung".

Das späte 20. und das frühe 21. Jahrhundert waren ein weiterer Wendepunkt, als die digitale Revolution und die Globalisierung zusammenkamen. Dieser Zeitraum war durch eine exponentielle Zunahme der Informationsmenge und -geschwindigkeit gekennzeichnet, so dass sich die Managementtheorien erneut weiterentwickeln mussten. Die heutige Unternehmenslandschaft erfordert eine Art von Managementagilität, die in der Ära der industriellen Produktion unvorstellbar war. Es sind Modelle wie Lean und Agile entstanden, die sich auf Anpassungsfähigkeit, iteratives Lernen und eine engere Einbindung der Kunden konzentrieren. Werkzeuge wie Business Intelligence, Datenanalyse und verschiedene Softwaresysteme sind für die Entscheidungsfindung unverzichtbar geworden.

Der Begriff "Manager" ist nicht mehr gleichbedeutend mit Autorität von oben nach unten, sondern impliziert eine vielschichtige Rolle. Von modernen Managern wird erwartet, dass sie ausgezeichnete Kommunikatoren, einfühlsame Teamleiter, geschickte Verhandlungsführer und strategische Planer sind. Sie müssen sich über kulturelle, geografische und disziplinarische Grenzen hinwegsetzen, da die Organisationen immer vielfältiger und verstreuter werden. Da die "Wissensarbeit" an Bedeutung gewonnen hat, müssen Manager zu Förderern von kreativem Denken und Innovation werden, oft in flachen oder gemischten Organisationsstrukturen, in denen die hierarchische Autorität weniger ausgeprägt ist.

Auch bei den Managementpraktiken wird immer mehr Wert auf Ethik und Nachhaltigkeit gelegt. Angesichts des Klimawandels, der sozialen Ungleichheit und der verschärften Kontrolle durch die Stakeholder sind die Manager von heute auch Hüter der sozialen Verantwortung der Unternehmen und haben oft die Aufgabe, die Unternehmensziele mit den umfassenderen sozialen und ökologischen Zielen in Einklang zu bringen.

Im Grunde ist das moderne Management zu einer kaleidoskopischen Disziplin geworden, die ihre Muster und Farben als Reaktion auf die sich verändernde Landschaft von Wirtschaft, Technologie und Gesellschaft ändert. Dieser reiche Wandteppich macht das Studium und die Praxis des Managements sowohl zu einer Herausforderung als auch zu einer Chance, denn er erfordert nicht nur das Beherrschen von Theorien und Instrumenten, sondern auch die Fähigkeit zur Anpassung, zum Einfühlungsvermögen und zur Vorstellungskraft. Wenn wir in die Zukunft blicken, ist die einzige Konstante, die wir vorhersehen können, der Wandel, und es wird die Fähigkeit des Managers sein, mit diesem Wandel umzugehen, die den Erfolg des Unternehmens in den kommenden Tagen bestimmen wird.

Hauptmerkmale des Managements

Der Bereich des Managements ist reich an Vielfalt, Komplexität und Tiefe. Es gibt jedoch bestimmte Merkmale, die als Grundpfeiler fungieren, die das Wesen des Managements definieren und es von anderen organisatorischen Aufgaben wie der Führung abgrenzen. Lassen Sie uns die drei wichtigsten Eigenschaften näher betrachten: Kontrolle, Effizienz und Prozesse.

Kontrolle: Der Akt der Überwachung und Lenkung von Prozessen

Im Mittelpunkt jeder Führungsaufgabe steht das Konzept der Kontrolle. Manager sind Hüter der organisatorischen Ressourcen, seien sie personell, finanziell oder materiell. Diese Aufsicht erstreckt sich auf Prozesse, Aufgaben und sogar immaterielle Güter wie die Organisationskultur. Kontrolle ist nicht gleichbedeutend mit Mikromanagement oder Unterdrückung von Kreativität. Vielmehr geht es um die Fähigkeit, diese Ressourcen effektiv auf das Erreichen bestimmter Ziele auszurichten.

Kontrolle bedeutet, die Leistung zu überwachen, rechtzeitig einzugreifen, um den Kurs zu korrigieren, und dafür zu sorgen, dass jeder Teil des Systems auf die übergeordneten Ziele abgestimmt ist. Kontrolle erfordert auch ein genaues Verständnis der Fähigkeiten und Herausforderungen jedes einzelnen Teammitglieds, damit Ressourcen zugewiesen und Aufgaben so delegiert werden können, dass die gemeinsame Leistung maximiert wird.

Kontrolle im Management geht weit über die bloße Überwachung des Tagesgeschäfts hinaus. Sie umfasst eine komplexe Schichtung von Rollen, die sich mit anderen Managementfunktionen wie Planung, Organisation und Führung überschneidet. Manager setzen verschiedene Arten der Kontrolle ein: Vorwärtssteuerung, um die Bedingungen, die zu Ergebnissen führen, proaktiv zu gestalten, begleitende Kontrolle, um Prozesse zu steuern, während sie stattfinden, und Rückkopplungskontrolle, um die Leistung zu bewerten und notwendige Anpassungen vorzunehmen. Jede Art von Kontrolle trägt dazu bei, dass die Organisation auf ihre strategischen Ziele ausgerichtet bleibt.

Traditionell wurde die Kontrolle durch eine Top-Down-Hierarchie umgesetzt, bei der leitende Angestellte die Ziele vorgaben und untergeordnete Angestellte diese umsetzten. Mit dem Aufkommen agiler und dezentraler Organisationsstrukturen sind die Kontrollmechanismen jedoch kollaborativer und anpassungsfähiger geworden. Dieser Wandel hat zu einem nuancierteren Verständnis von Kontrolle geführt, die sowohl befähigend als auch partizipativ und nicht restriktiv sein kann.

Eine wirksame Kontrolle ist auch eng mit der Messung verbunden. Leistungskennzahlen, Leistungsindikatoren (KPIs) und Balanced Scorecards sind einige der Instrumente, die zur Quantifizierung der Leistung eingesetzt werden. Diese Messgrößen sind wichtig, um eine Ausgangsbasis zu schaffen, Ziele zu setzen und Fortschritte zu verfolgen. Sie bieten auch eine empirische Grundlage für die Entscheidungsfindung, die es den Managern ermöglicht, Engpässe zu erkennen, Ressourcen effizienter zuzuweisen und künftige Herausforderungen vorauszusehen.

Aber Kontrolle ist nicht nur eine mechanische Funktion. Sie beinhaltet auch eine emotionale und psychologische Dimension. Ein guter Manager weiß, wie wichtig es ist, die Arbeitsmoral aufrechtzuerhalten, ein positives Arbeitsumfeld zu fördern und das Team zu inspirieren. Die Kontrolle über die Unternehmenskultur ist ein weicher, oft unterbewerteter Aspekt der Führungskontrolle, der sich jedoch erheblich auf die Produktivität, die Mitarbeiterzufriedenheit und letztlich den Erfolg des Unternehmens auswirkt. Eine starke Unternehmenskultur kann als Selbstregulierungsmechanismus fungieren und die Mitarbeiter dazu ermutigen, ihre Aufgaben selbst in die Hand zu nehmen und sich an den Unternehmenszielen zu orientieren.

Darüber hinaus erstreckt sich die Kontrolle auch auf das Krisenmanagement und die Risikominderung. Notfallplanung, Szenarioanalysen und die proaktive Identifizierung von Risiken sind ein integraler Bestandteil der Kontrollfunktion eines Managers. Diese Aspekte haben in einer Zeit, die durch Unsicherheit und Unbeständigkeit gekennzeichnet ist, an Bedeutung gewonnen. Die COVID-19-Pandemie ist ein typisches Beispiel dafür und unterstreicht die Notwendigkeit flexibler Kontrollmechanismen, die sich an schnell ändernde Umstände anpassen können.

Kontrolle im modernen Sinne ist daher ein Balanceakt. Einerseits erfordert sie Strenge, Disziplin und einen analytischen Ansatz zur Überwachung und Intervention. Auf der anderen Seite erfordert sie emotionale Intelligenz, Anpassungsfähigkeit und ein Verständnis für die menschliche Dynamik. In einer Welt, in der Organisationen zunehmend komplexer und vernetzter werden und einem raschen Wandel unterliegen, hat sich die Kontrolle von einer eindimensionalen Aufgabe der Überwachung zu einer mehrdimensionalen Fähigkeit entwickelt, die praktisch jeden Aspekt des Managements berührt. Bei einer wirksamen Kontrolle geht es daher weniger darum, starre Strukturen aufzuerlegen, sondern vielmehr darum, ein Umfeld zu schaffen, in dem sowohl die Organisation als auch ihre Mitglieder ihr volles Potenzial entfalten können.

Effizienz: Maximierung des Outputs bei Minimierung des Inputs

Ein weiteres charakteristisches Merkmal des Managements ist die Betonung der Effizienz. Der ideale Manager ist in der Lage, aus begrenzten Ressourcen das Beste herauszuholen. Dabei geht es nicht nur um Kostensenkungen oder Schnelligkeit, sondern auch um die Optimierung von Arbeitsabläufen, die Beseitigung von Engpässen und die kontinuierliche Verbesserung von Prozessen, um eine höhere Produktivität zu erreichen.

Effizienz ist eng mit Kennzahlen verknüpft, und jede Diskussion darüber führt unweigerlich zu den Instrumenten und Techniken, die Manager zur Leistungsmessung einsetzen. Key Performance Indicators (KPIs), Return on Investment (ROI) und andere Metriken dienen oft als Kompass für Managemententscheidungen. Durch die Optimierung der Effizienz tragen Manager zur Wertschöpfung für alle Beteiligten bei, von den Mitarbeitern über die Kunden bis hin zu den Aktionären.

Das Konzept der Effizienz ist seit den Anfängen des Managements im Industriezeitalter ein fester Bestandteil des Managements. Persönlichkeiten wie Frederick Taylor, der als Vater des wissenschaftlichen Managements bekannt ist, legten großen Wert auf die systematische Untersuchung von Arbeitsmethoden zur Verbesserung der Effizienz. Das Verständnis und die Anwendung von Effizienz haben sich jedoch erheblich weiterentwickelt, um sich an das zunehmend komplexe und dynamische Unternehmensumfeld von heute anzupassen.

Moderne Ansätze zur Effizienzsteigerung haben einen ganzheitlicheren Ansatz und erkennen an, dass die Maximierung des Outputs und die Minimierung des Inputs eine vielschichtige Strategie erfordern. Es geht nicht nur darum, die Produktionsgeschwindigkeit zu erhöhen, sondern auch die Qualität des Outputs zu verbessern, Verschwendung zu reduzieren und die Gesamteffektivität des Unternehmens zu steigern. Begriffe wie "Lean Management", die ihren Ursprung in der Fertigung haben, aber breit angewendet werden, bringen dieses differenzierte Verständnis auf den Punkt. Die Lean-Prinzipien konzentrieren sich darauf, mit weniger Ressourcen mehr Wert zu schaffen, indem der Fluss von Produkten und Dienstleistungen durch ganze Wertströme optimiert wird, die horizontal über Technologien, Anlagen und Abteilungen zum Kunden fließen.

Technologische Fortschritte, insbesondere in den Bereichen Datenanalyse und Automatisierung, haben unser Verständnis von Effizienz weiter verfeinert. Datenanalysetools ermöglichen es Managern, verschiedene Metriken in Echtzeit zu überwachen und Einblicke zu gewinnen, die früher unmöglich oder sehr zeitaufwändig waren. Algorithmen des maschinellen Lernens können Engpässe und Ineffizienzen vorhersagen und ermöglichen ein proaktives Eingreifen. Automatisierung und künstliche Intelligenz (KI) werden zunehmend eingesetzt, um sich wiederholende Aufgaben zu erledigen, so dass sich die Mitarbeiter auf komplexere, wertschöpfende Tätigkeiten konzentrieren können.

Es geht nicht nur um Zahlen und Technologie. Es geht auch um menschliche Elemente wie Mitarbeiterzufriedenheit, Kompetenzentwicklung und Arbeitsplatzkultur. Ein effizientes Unternehmen ist eines, in dem die Mitarbeiter engagiert, gut ausgebildet und auf die Ziele des Unternehmens ausgerichtet sind. Studien haben gezeigt, dass engagierte Mitarbeiter produktiver sind, was wiederum die Gesamteffizienz steigert. Daher betrachten moderne Manager Effizienz nicht nur aus finanzieller, sondern auch aus menschlicher Sicht. Techniken wie Job Enrichment, flexible Arbeitsregelungen und teambildende Maßnahmen werden heute als integraler Bestandteil des Aufbaus einer effizienten Organisation angesehen.

Effizienz erstreckt sich auch auf nachhaltige Praktiken, die in der heutigen Welt zunehmend an Bedeutung gewonnen haben. Konzepte wie "nachhaltige Effizienz" oder "Triple Bottom Line" (die neben der finanziellen Leistung auch die soziale und ökologische Leistung berücksichtigen) haben sich herausgebildet und zwingen die Manager dazu, langfristig zu denken und die breiteren Auswirkungen ihrer Entscheidungen zu berücksichtigen.

Zusammenfassend lässt sich sagen, dass Effizienz im modernen Management ein mehrdimensionales Konstrukt ist. Es geht ebenso sehr um die Optimierung von Arbeitsabläufen und die Nutzung von Technologien wie um die Förderung des menschlichen Potenzials und die Einführung nachhaltiger Praktiken. Das Erreichen von Effizienz erfordert eine Mischung aus analytischer Strenge, technologischem Sachverstand und einem tiefen Verständnis der menschlichen Psychologie und Organisationskultur. In einer Welt mit begrenzten Ressourcen, aber unendlichen Möglichkeiten, bleibt Effizienz ein Eckpfeiler effektiven Managements.

Prozesse: Einführung und Verfeinerung von Systemen für Konsistenz

Der letzte Eckpfeiler, den wir untersuchen, ist der der Prozesse. Prozesse können als die Architektur betrachtet werden, innerhalb derer Kontrolle und Effizienz funktionieren. Sie bieten die strukturelle Integrität, die es einer Organisation ermöglicht, reibungslos zu funktionieren, indem sie eine standardisierte Methode zur Ausführung von Aufgaben, zur Lösung von Problemen und zur Erzielung von Ergebnissen bieten.

Prozesse sind der Rahmen, der das Handeln lenkt, Rechenschaft ablegt und reproduzierbare Ergebnisse liefert. Gut konzipierte Prozesse ermöglichen Innovationen innerhalb definierter Parameter und schaffen ein Umfeld, in dem Kreativität und Kontrolle nebeneinander bestehen. Manager sind oft dafür verantwortlich, diese Prozesse entweder von Grund auf zu etablieren oder bestehende Systeme zu verfeinern, um sie an veränderte Bedürfnisse und Umstände anzupassen.

Die Einrichtung und Verfeinerung von Prozessen ist eine wichtige Aufgabe, die ein gründliches Verständnis der Ziele des Unternehmens, der spezifischen Anforderungen der verschiedenen Funktionen und der Wechselwirkungen zwischen den verschiedenen Abteilungen erfordert. Im Wesentlichen dient ein gut ausgearbeiteter Prozess als Fahrplan für die Ausführung und klärt Rollen, Verantwortlichkeiten und Arbeitsabläufe. Prozesse stellen sicher, dass die Aufgaben korrekt ausgeführt werden und dass alle im Unternehmen auf die gemeinsamen Ziele ausgerichtet sind.

In der Anfangsphase einer Organisation oder eines Projekts können die Prozesse locker, flexibel und anpassungsfähig sein, vor allem weil der Schwerpunkt in der Regel auf einem schnellen Markteintritt, Innovation oder Problemlösung liegt. Mit zunehmender Größe eines Unternehmens wird jedoch die

Notwendigkeit strukturierter Prozesse immer deutlicher. Ein Mangel an standardisierten Prozessen kann zu Ineffizienz, Fehlern und sogar zu organisatorischer Dysfunktion führen. Daher besteht eine der wichtigsten Aufgaben eines Managers darin, zu erkennen, wann eine Organisation einen Punkt erreicht hat, an dem die Formalisierung von Prozessen unumgänglich wird.

Es ist ein empfindliches Gleichgewicht zwischen übermäßiger und unzureichender Technisierung der Prozesse zu finden. Zu viel Starrheit kann Kreativität und Anpassungsfähigkeit unterdrücken. Zu wenig kann zu Chaos, Inkonsistenz und Unzuverlässigkeit führen. Um das richtige Gleichgewicht zu finden, bedarf es oft eines Zyklus aus Entwurf, Umsetzung, Überwachung und Verbesserung. Methoden zur kontinuierlichen Prozessverbesserung wie Six Sigma oder Total Quality Management (TQM) sind darauf ausgerichtet und konzentrieren sich auf die kontinuierliche Verbesserung, um die Qualität des Outputs einer Organisation zu perfektionieren.

Prozesse sind nicht statisch; sie müssen sich mit der Unternehmenslandschaft weiterentwickeln. Marktbedingungen, Kundenbedürfnisse und technologische Fortschritte machen es erforderlich, dass Prozesse flexibel und anpassungsfähig sind. Die Einführung digitaler Transformationsinitiativen in vielen Unternehmen hat zum Beispiel ein Überdenken traditioneller Prozesse erforderlich gemacht, um digitale Technologien zu integrieren, die schnellere Entscheidungen, eine bessere Kundenbindung und effizientere Abläufe ermöglichen.

Die Rolle der Technologie im Prozessmanagement kann nicht hoch genug eingeschätzt werden. Tools wie Software für das Geschäftsprozessmanagement (BPM) und Plattformen zur Workflow-Automatisierung haben die Art und Weise, wie Prozesse abgebildet, ausgeführt und überwacht werden, revolutioniert. Sie bieten Echtzeiteinblicke in die Leistung und ermöglichen es den Managern, datengestützte Entscheidungen zu treffen, um die Prozesse für optimale Ergebnisse zu optimieren.

Auch Prozesse spielen beim Risikomanagement eine entscheidende Rolle. Standardisierte Verfahren bieten eine Vorlage für die Entscheidungsfindung in verschiedenen Szenarien, die oft auch Eventualitäten für unerwartete Situationen beinhalten. Dies trägt dazu bei, dass die Organisation widerstandsfähiger und besser auf die Herausforderungen vorbereitet ist, die auf sie zukommen.

Prozesse bilden das operative Rückgrat einer Organisation. Sie geben die Struktur und die Richtlinien vor, innerhalb derer die unzähligen Aktivitäten einer Organisation ablaufen. Durch die sorgfältige Gestaltung und kontinuierliche Verfeinerung dieser Prozesse tragen Manager zum Aufbau von Organisationen bei, die nicht nur effizient und kontrolliert, sondern auch anpassungsfähig und widerstandsfähig sind. Angesichts des raschen Wandels im heutigen Geschäftsumfeld ist die Beherrschung des Prozessmanagements für moderne Manager wichtiger denn je.

Zusammenfassend lässt sich sagen, dass Kontrolle, Effizienz und Prozesse miteinander verknüpfte Aspekte sind, die zusammen das Wesen des Managements ausmachen. Diese Merkmale funktionieren nicht isoliert, sondern interagieren auf komplexe Weise, um die Rolle eines Managers zu definieren. Sie bilden das Substrat, auf dem andere Managementfähigkeiten und -strategien aufbauen, und bieten eine solide Plattform für die Erreichung der Unternehmensziele. Im Laufe dieses Buches werden diese grundlegenden Elemente immer wieder auftauchen und ihre anhaltende Bedeutung im sich ständig weiterentwickelnden Bereich des Managements unterstreichen.

Die Rolle des Managers

Nach den grundlegenden Elementen, die das Management charakterisieren, ist es wichtig, sich mit den praktischen Aspekten zu befassen - dem täglichen Leben und den Herausforderungen, die die Rolle eines modernen Managers bestimmen. Hier untersuchen wir die täglichen Aufgaben, die Denkweise, die ihr Handeln bestimmt, und die Hürden, denen sie unweigerlich begegnen.

Die Alltäglichen Aufgaben

Die Rolle der Führungskraft ist ein Teppich, der aus verschiedenen Aufgabenbereichen gewebt ist, die ständige Aufmerksamkeit, Anpassung und Kompetenz erfordern. Die tägliche Agenda einer Führungskraft ist keine monolithische oder statische Ansammlung von Aufgaben, sondern kann mit einem dynamischen Ökosystem verglichen werden, in dem Verantwortlichkeiten in verschiedenen Bereichen interagieren und sich gegenseitig auf komplizierte Weise beeinflussen.

Management der Humanressourcen

An jedem beliebigen Tag kann eine Führungskraft im Mittelpunkt von Aktivitäten im Bereich der Humanressourcen stehen. Dazu können Vorstellungsgespräche mit potenziellen Bewerbern, die Durchführung von Leistungsbeurteilungen oder die Steuerung der Teamdynamik gehören, um ein gesundes und produktives Arbeitsumfeld zu gewährleisten. Dazu kann auch die Lösung von Konflikten gehören - das Ansprechen von Problemen zwischen Teammitgliedern oder Abteilungen, um eine reibungslose Zusammenarbeit und Produktivität zu gewährleisten. So wird das Personalmanagement zu einem Eckpfeiler der täglichen Aufgaben einer Führungskraft.

Projekt-Überwachung

Neben dem Personalwesen nimmt das Projektmanagement oft einen großen Teil der Zeit eines Managers in Anspruch. Zu diesem Bereich gehört es, sicherzustellen, dass alle Projekte auf dem richtigen Weg sind, Engpässe zu erkennen und die Ressourcen effizient zuzuweisen. Wenn ein Projekt in Verzug gerät, ist es die Aufgabe des Managers, die Gründe dafür zu ermitteln und Änderungen vorzunehmen, um die Dinge wieder in Gang zu bringen. Die Herausforderung besteht hier oft darin, ein Gleichgewicht zwischen Qualität und Geschwindigkeit und zwischen kurzfristigen Gewinnen und langfristigen Zielen herzustellen.

Strategische Planung

Auch wenn es sich dabei nicht um eine tägliche Aufgabe handelt, ist die strategische Planung ein häufiger Bestandteil des Arbeitsplans eines Managers. Dazu gehört die Abstimmung mit der oberen Führungsebene und anderen Interessengruppen, um die Aktivitäten der Abteilung mit den übergeordneten Zielen des Unternehmens in Einklang zu bringen. Dabei kann es sich um die Einführung eines neuen Produkts, den Eintritt in einen neuen Markt oder die Neuausrichtung des Geschäftsmodells handeln. Der Manager muss die unmittelbaren Bedürfnisse des Teams ebenso berücksichtigen wie die längerfristigen Auswirkungen auf das Unternehmen.

Finanzielle Verwaltung

Budgetierung, Prognosen und Finanzplanung sind nicht nur die Domäne von Finanzvorständen. Manager haben oft Budgetverantwortung, die sich direkt auf ihre Teams und Projekte auswirkt. Dies bedeutet, dass sie die Ausgaben im Auge behalten, sicherstellen müssen, dass sie mit den Budgetvorgaben übereinstimmen, und die Kosteneffizienz optimieren müssen. Ganz gleich, ob sie Bestellungen genehmigen oder mit Lieferanten verhandeln, Finanzwissen ist eine unverzichtbare Fähigkeit in ihrem Werkzeugkasten.

Kommunikation und Stakeholder-Management

Kein Manager ist eine Insel. Ein beträchtlicher Teil ihrer Zeit wird mit Kommunikation verbracht - sei es in Teambesprechungen, Einzelgesprächen oder per E-Mail. Sie haben auch mit verschiedenen Interessengruppen zu tun, darunter die Geschäftsleitung, andere Abteilungen und externe Partner wie Kunden und Lieferanten. Kommunikationsfähigkeiten sind von zentraler Bedeutung, da eine fehlerhafte Kommunikation zu Missverständnissen, Verzögerungen oder sogar zum Scheitern von Projekten führen kann.

Problemlösung im Handumdrehen

Inmitten all dieser geplanten und strukturierten Aktivitäten treten unweigerlich unerwartete Herausforderungen auf. Ein Lieferant könnte eine Frist versäumen, ein wichtiges Teammitglied könnte krank werden, oder eine plötzliche Marktveränderung könnte eine Änderung der Strategie erforderlich machen. Der Tag eines Managers ist selten vorhersehbar, und er muss darauf vorbereitet sein, unmittelbare Probleme zu bewältigen, die laufende Projekte oder die Teamdynamik zu stören drohen.

Der Alltag einer Führungskraft ist ein Kaleidoskop vielschichtiger Aufgaben, die einen häufigen Rollenwechsel erfordern - vom Strategen im einen Moment zum Problemlöser im nächsten. Diese Vielfalt und Unvorhersehbarkeit machen die Rolle einer Führungskraft sowohl spannend als auch anspruchsvoll und erfordern eine Mischung von Fähigkeiten, die so vielfältig sind wie die Aufgaben, die sie übernehmen.

Die Denkweise des Problemlösens und der Optimierung

Die Rolle eines Managers erfordert eine bestimmte Denkweise - eine Denkweise, die auf Problemlösung und Optimierung ausgerichtet ist. Manager sind die Ansprechpartner, wenn es um Herausforderungen geht, die eine sofortige Lösung erfordern. Ganz gleich, ob es sich um ein Leistungsproblem eines Teammitglieds oder um eine Panne im Zeitplan eines Projekts handelt, von Managern wird erwartet, dass sie Lösungen finden, die sowohl effektiv als auch effizient sind.

Hier kommt die Fähigkeit zur Optimierung ins Spiel. Da die Ressourcen immer begrenzt sind, müssen Manager Entscheidungen treffen, die die Ergebnisse maximieren und gleichzeitig die Kosten minimieren, sei es in Form von Zeit, Arbeitskraft oder Kapital. Dies erfordert eine einzigartige Mischung aus analytischem Denken, Kreativität und Pragmatismus. Manager müssen oft "mit den Füßen denken" und sich an die Fluidität und Unvorhersehbarkeit anpassen, die die meisten modernen Arbeitsplätze kennzeichnen.

Die Denkweise bei der Problemlösung beginnt oft mit einem diagnostischen Ansatz. Manager müssen zunächst das Problem genau identifizieren und es in seine Bestandteile zerlegen, um seinen Umfang, seine Auswirkungen und die zugrunde liegenden Ursachen besser zu verstehen. Dies beinhaltet sowohl eine qualitative als auch eine quantitative Analyse, bei der Instrumente wie SWOT-Analysen (Stärken, Schwächen, Chancen und Gefahren), die Identifizierung von Grundursachen oder bei komplexen Problemen sogar fortgeschrittenere statistische Methoden wie die Regressionsanalyse zum Einsatz kommen.

Sobald das Problem angemessen diagnostiziert ist, beginnt der Optimierungsprozess. Hier kommt die Fähigkeit ins Spiel, verschiedene Handlungsoptionen kritisch zu bewerten. Manager müssen die Vor- und Nachteile verschiedener Lösungen abwägen und dabei eine Vielzahl von Faktoren wie kurzfristige Gewinne, langfristige Nachhaltigkeit, Verfügbarkeit von Ressourcen und

Übereinstimmung mit den Unternehmenszielen berücksichtigen. Im Wesentlichen ist die Optimierungsphase ein Balanceakt, der darauf abzielt, das günstigste Ergebnis unter den gegebenen Einschränkungen zu erzielen.

Die Problemlösungs- und Optimierungsmentalität erfordert auch eine Neigung zur kontinuierlichen Verbesserung. In einem sich schnell verändernden Geschäftsumfeld ist das, was gestern funktioniert hat, nicht unbedingt die beste Lösung für heute. Manager müssen daher einen zyklischen Ansatz zur Problemlösung verfolgen, der regelmäßiges Feedback und iterative Anpassungen einschließt. Ansätze wie der Plan-Do-Check-Act (PDCA)-Zyklus oder agile Methoden fördern diese Art der kontinuierlichen Optimierung.

Kreativität ist ein weiterer wichtiger Aspekt dieser Denkweise. Während analytische Fähigkeiten für die Diagnose von Problemen und die Bewertung von Lösungen von unschätzbarem Wert sind, ist es die Kreativität, die es Managern ermöglicht, sich diese Lösungen überhaupt erst auszudenken. Ganz gleich, ob es darum geht, einen neuartigen Weg zur Rationalisierung eines Prozesses zu finden oder eine einzigartige Lösung für ein Kundenproblem zu finden - kreatives Denken erweitert die Bandbreite möglicher Lösungen und erhöht die Chancen, ein optimales Ergebnis zu erzielen.

Es ist auch wichtig, die Rolle der emotionalen Intelligenz in dieser Denkweise hervorzuheben. Die besten Problemlöser sind nicht nur analytisch versiert, sondern auch im Umgang mit Emotionen, sowohl mit ihren eigenen als auch mit denen ihres Teams. Die Lösung von Problemen ist oft ein Unterfangen, das unter hohem Druck steht, mit Ungewissheit behaftet und potenziell mit emotionaler Volatilität behaftet ist. Die Fähigkeit, Ruhe zu bewahren, Zuversicht zu vermitteln und mit Stress umzugehen, sind entscheidende Eigenschaften, die die Qualität der Entscheidungsfindung erheblich beeinflussen können.

Darüber hinaus müssen sich Manager mit dem Management von Veränderungen auskennen, da die Lösung von Problemen häufig die Änderung bestehender Prozesse, Rollen oder sogar ganzer Geschäftsmodelle erfordert. Die Fähigkeit, ein Team durch die turbulenten Gewässer des Wandels zu führen, Bedenken auszuräumen und reibungslose Übergänge zu gewährleisten, ist eine unschätzbare Fähigkeit.

Die Herausforderungen und wie sie typischerweise angegangen werden

Die Komplexität der Führungsrolle geht weit über die täglichen Aufgaben und Verantwortlichkeiten hinaus; sie dringt in die Arena der Herausforderungen ein, denen sich Führungskräfte unweigerlich stellen müssen. In dem komplizierten Gefüge moderner Geschäftsabläufe können zwischenmenschliche Konflikte innerhalb des Teams entstehen, die unter der Oberfläche schwelen und manchmal in offenen Zwistigkeiten ausbrechen. Diese Konflikte können so unbedeutend sein wie eine Meinungsverschiedenheit über einen Projektansatz oder so groß wie gegensätzliche Arbeitsstile, die den Teamzusammenhalt stören. Unabhängig vom Ausmaß liegt es in der Verantwortung der Führungskraft, zu vermitteln und eine Lösung herbeizuführen, die sowohl die Produktivität als auch die Harmonie am Arbeitsplatz aufrechterhält.

Eine weitere Herausforderung besteht darin, sich im Labyrinth der Organisationspolitik zurechtzufinden. Jede Organisation hat ihre eigene Kultur, Machtstrukturen und ungeschriebenen Regeln. Manager befinden sich oft im Spannungsfeld dieser Dynamiken und müssen die Interessen und Einflüsse von oben und unten ausbalancieren und dabei ihre berufliche Integrität wahren. Es ist nicht ungewöhnlich, dass sie als Vermittler zwischen dem Führungsteam und den Mitarbeitern an der Front agieren und Botschaften und Aufträge in beide Richtungen übermitteln.

Externer Druck vergrößert die Herausforderungen, denen sich Manager gegenübersehen, noch weiter. Der Wettbewerb auf dem Markt entwickelt sich ständig weiter und erfordert oft schnelle Anpassungen der Strategien und der Ausführung. In stark regulierten Branchen können plötzlich gesetzliche Änderungen ins Spiel kommen, die eine schnelle, umfassende Anpassung von Prozessen oder sogar Geschäftsmodellen erforderlich machen. Auch die Kundenerwartungen bleiben nie statisch; die ständige Weiterentwicklung von Technologie und gesellschaftlichen Trends bedeutet, dass das, was die Kunden gestern noch zufrieden stellte, morgen nicht mehr gilt. Manager müssen den Finger am Puls dieser externen Faktoren haben und sicherstellen, dass sich ihre Teams entsprechend anpassen und weiterentwickeln.

Die Bewältigung dieser Herausforderungen ist selten einfach, und selten gibt es eine Einheitslösung für alle. Manager müssen einen vielschichtigen Ansatz verfolgen und auf eine Reihe von Fähigkeiten zurückgreifen, zu denen Verhandlungsgeschick, strategischer Weitblick und Fähigkeiten im Krisenmanagement gehören. Die Lösung zwischenmenschlicher Konflikte kann zum Beispiel Verhandlungsgeschick erfordern, um einen für alle Beteiligten akzeptablen Kompromiss zu finden. Strategische Planung ist von entscheidender Bedeutung, wenn es darum geht, sich an den Wettbewerb auf dem Markt oder an Änderungen der Rechtsvorschriften anzupassen, um neue Wege zum Erfolg zu finden und gleichzeitig Risiken zu minimieren. Das Krisenmanagement tritt in den Vordergrund, wenn unerwartete Ereignisse Projekte zum Scheitern zu bringen drohen oder die Leistung des Teams beeinträchtigen.

Aber selbst Fähigkeiten und Strategien können ohne die richtige Beziehungsdynamik nur bedingt greifen. Die wirksame Bewältigung von Herausforderungen erfordert oft Zusammenarbeit. Manager müssen häufig auf andere Teammitglieder zugehen, sich mit anderen Managern beraten und mit Interessengruppen in einen Dialog treten, um zu tragfähigen

Lösungen zu gelangen. Die Fähigkeit, als Teil eines größeren Organismus zusammenzuarbeiten, unterstreicht die Bedeutung der sozialen Kompetenz eines Managers, die oft über Erfolg oder Misserfolg bei der Bewältigung von Herausforderungen entscheiden kann.

Die Bedeutung von Feedback - sowohl des Gebens als auch des Empfangens - kann gar nicht hoch genug eingeschätzt werden. Die Offenheit einer Führungskraft für Feedback kann ein unschätzbares Instrument für das persönliche und berufliche Wachstum sein. Ganz gleich, ob das Feedback von Vorgesetzten kommt, die die Projektergebnisse bewerten, oder von Teammitgliedern, die ihre Erfahrungen am Arbeitsplatz mitteilen, es bietet eine Gelegenheit zum Lernen. Die Fähigkeit, dieses Feedback nicht nur zu hören, sondern auch zu integrieren, ist für die Entwicklung von Führungskräften unerlässlich. Sie ergänzt eine weitere wichtige Eigenschaft: die Fähigkeit, sowohl aus Erfolgen als auch aus Misserfolgen zu lernen. Jede Herausforderung ist eine Lektion, und jede Lösung, ob erfolgreich oder nicht, ist eine Blaupause für zukünftige Herausforderungen. Es liegt auf der Hand, dass die Rolle eines Managers ein komplexes Geflecht von Herausforderungen darstellt, die sich auf die persönliche, organisatorische und sogar marktweite Ebene erstrecken. Und die Bewältigung dieser Herausforderungen erfordert ein ebenso komplexes Spektrum an Strategien, Fähigkeiten und Sensibilitäten. Dieses anspruchsvolle und zugleich lohnende Zusammentreffen von Anforderungen macht das Wesen der modernen Managerrolle aus und erfordert ein lebenslanges Engagement für Lernen, Anpassung und zwischenmenschliches Engagement.

Zum Abschluss dieses Kapitels lohnt es sich, über die Reise nachzudenken, die wir unternommen haben, um die sich wandelnden Rollen von Führung und Management zu analysieren. Wir haben uns von den Fließbändern Henry Fords zu den agilen und vernetzten Arbeitsplätzen des 21. Jahrhunderts bewegt und den Wandel dessen verfolgt, was es bedeutet, in modernen Organisationen zu führen und zu managen. Dieses komplexe Geflecht von Veränderungen spiegelt die allgemeinen Veränderungen in der Gesellschaft, der Technologie und der globalen Wirtschaft wider und macht die Themen Management und Führung dynamischer und relevanter als je zuvor.

Wir haben untersucht, wie Effizienz und Standardisierung, die Schlagworte der vergangenen Jahre, durch Einfallsreichtum, Anpassungsfähigkeit und emotionale Intelligenz ergänzt wurden. Wir haben uns mit den entscheidenden Übergängen befasst, wie von Managern heute erwartet wird, dass sie mehr sind als nur Verwalter von Prozessen, und wie von Führungskräften verlangt wird, dass sie sich der operativen Realitäten ihrer Visionen bewusst sind. Vor allem aber untersuchten wir die Konvergenz dieser Rollen und betonten die Bedeutung hybrider Fähigkeiten, die den multidimensionalen Anforderungen moderner Unternehmen gerecht werden.

Unser Ziel ist es, Ihnen mehr als nur einen akademischen Überblick zu bieten. Das Ziel ist es, Ihnen ein facettenreiches Verständnis zu vermitteln, das Sie in die Lage versetzt, Szenarien kritisch zu bewerten, sich an neue Herausforderungen anzupassen und sich in jeder Funktion hervorzutun - sei es als Manager, als Führungskraft oder als die immer häufiger anzutreffende Mischung aus beidem. Wir hoffen, dass dieses Kapitel nicht nur Ihren konzeptionellen Horizont erweitert hat, sondern Sie auch dazu angeregt hat, über Ihre eigene Rolle und Ihr Potenzial nachzudenken.

In den folgenden Kapiteln, in denen Fallstudien aus der Praxis und künftige Trends im Bereich Führung und Management erörtert werden, ist es dieses grundlegende Verständnis, das unsere Untersuchungen vertieft. Auch wenn sich die Landschaft der Führung und des Managements weiter entwickeln wird, bleiben die Kernprinzipien, die auf menschlicher Zusammenarbeit, ethischem Verhalten und gemeinsamen Zielen beruhen, unveränderlich. Diese Grundsätze sind unsere Leitsterne, an denen wir uns orientieren können, wenn wir die schwankende See des Berufslebens durchqueren.

Kapitel 3: Kernmerkmale von Führungskräften

Der Diskurs über Führung fasziniert seit langem Wissenschaftler, Praktiker und Beobachter gleichermaßen. Das Thema ist so alt wie die menschliche Zivilisation selbst. Es ist durchdrungen von Mythen, Geschichten und Archetypen, die nicht nur Imperien und Revolutionen geleitet haben, sondern auch Innovationen und Fortschritt in jedem erdenklichen Bereich vorantrieben. Doch trotz der historischen Bedeutung und der umfangreichen Studien, die diesem Thema gewidmet sind, bleibt Führung ein Rätsel - ein komplexes Zusammenspiel von Eigenschaften, Fähigkeiten und situativen Faktoren, die sich einer einfachen Erklärung oder Kategorisierung entziehen.

In diesem Kapitel befassen wir uns mit der facettenreichen Welt der Führung. Wir beginnen mit einer Rückverfolgung ihrer Ursprünge und historischen Veränderungen und untersuchen, wie sie sich von der Zeit der Könige und Krieger zu den heutigen integrativen, partizipativen Paradigmen entwickelt hat. Dann untersuchen wir die wichtigsten Merkmale, darunter die Fähigkeit, zu inspirieren und zu motivieren, die Klarheit der Vision und den Mut, den Status quo in Frage zu stellen. Dies sind die Elemente, die Führungspersönlichkeiten von bloßen Managern unterscheiden und sie als transformative Persönlichkeiten positionieren, die nicht nur Unternehmen, sondern die Gesellschaft insgesamt verändern können.

Wir befassen uns auch mit der Rolle, die eine Führungskraft in der komplexen, schnelllebigen Organisationslandschaft von heute spielt. Hier gehen wir über das Rampenlicht hinaus, das auf den Einzelnen gerichtet ist, und untersuchen, wie eine Führungskraft den Kurs für Teams und Organisationen vorgibt, eine positive Kultur fördert und die unvermeidlichen Herausforderungen und Unsicherheiten meistert, die mit der Verschiebung von Grenzen und der Suche nach Innovationen einhergehen.

Bei der Lektüre dieses Kapitels werden Sie feststellen, dass Führung nicht nur eine Reihe isolierter Eigenschaften ist, die man besitzt, sondern ein dynamischer Prozess, auf den man sich einlässt. Es ist ein Handwerk, das lebenslanges Lernen, Offenheit für Veränderungen und vor allem ein tief verwurzeltes Engagement erfordert, um das Beste in sich selbst und anderen hervorzubringen.

Ursprünge und Entwicklung: Die Transformative Reise der Führungskraft

Das Konzept der Führung ist so alt wie die Geschichte der Menschheit und taucht in den Annalen praktisch aller Kulturen und Zivilisationen auf. Von Stammeshäuptlingen und alten Königen bis hin zu modernen Präsidenten und CEOs wurde das Wesen der Führung durch verschiedene Faktoren geprägt, darunter gesellschaftliche Werte, technologische Fortschritte und historische Ereignisse.

In ihrer frühesten Form war die Führerschaft oft eng mit körperlichen Fähigkeiten und der Fähigkeit, die Gemeinschaft zu schützen, verbunden. Der Anführer war in der Regel das stärkste und mutigste Mitglied des Stammes und dafür verantwortlich, Entscheidungen zu treffen, die das Überleben der Gruppe sicherten. Als die Gesellschaften immer komplexer wurden und sich von Jäger- und Sammlergemeinschaften zu landwirtschaftlichen Siedlungen und schließlich zu organisierten Staaten und Imperien entwickelten, veränderte sich auch die Rolle des Anführers. Physische Stärke wich strategischer Intelligenz, und der Akt des Regierens wurde immer komplizierter und erforderte spezielle Fähigkeiten in Diplomatie, Recht und Verwaltung.

Mit dem Aufkommen der Renaissance und der Aufklärung begannen sich die Vorstellungen über Führung erneut zu verändern. Philosophen und Gelehrte führten Konzepte wie den

Gesellschaftsvertrag und die Gewaltenteilung ein und änderten die Auffassung von Führung von einem göttlichen Recht zu einer ausgehandelten Beziehung zwischen dem Führer und den Geführten. Die Auswirkungen waren tiefgreifend: Führung wurde nicht mehr als eine statische Position angesehen, sondern als eine dynamische Rolle, die die Zustimmung und Mitarbeit der Geführten erfordert.

Das 20. Jahrhundert brachte eine weitere bedeutende Entwicklung im Bereich der Führung mit sich, beeinflusst durch die beiden Weltkriege, die Bürgerrechtsbewegungen, die Globalisierung und die digitale Revolution. Der Begriff der Führung wurde demokratisiert und öffnete das Feld für alle Menschen, unabhängig von ihrer sozialen Stellung, ihrer ethnischen Zugehörigkeit oder ihrem Geschlecht. Der technologische Fortschritt und der Aufstieg der wissensbasierten Wirtschaft legten den Schwerpunkt auf intellektuelles Kapital, was zu einer zunehmenden Bedeutung von visionärer, inspirierender Führung führte. Es reichte nicht mehr aus, dass eine Führungskraft lediglich Ressourcen verwaltete und den Betrieb überwachte. Von ihnen wurde erwartet, dass sie innovativ sind, Veränderungen herbeiführen und Einfluss ausüben.

Und nun, da wir uns durch die komplexen Gegebenheiten des 21. Jahrhunderts bewegen - einer Welt, die zunehmend vernetzt, unbeständig und vielfältig ist -, passt sich die Rolle der Führung weiter an. Moderne Führung wird durch Begriffe wie "dienende Führung", "transformationale Führung" und "authentische Führung" charakterisiert und spiegelt eine noch stärkere Betonung von Empathie, Ethik und emotionaler Intelligenz wider. Von Führungskräften wird heute erwartet, dass sie sowohl global denken als auch lokal verantwortlich handeln, dass sie in der Lage sind, die Technologie zu nutzen, und dass sie gleichzeitig auf die menschlichen Bedürfnisse ihrer Mitarbeiter eingehen.

Die Führung hat sich im Laufe der Zeit erheblich und in vielerlei Hinsicht zyklisch verändert. Während die Kernfunktionen der Führung, des Schutzes und der Problemlösung erhalten geblieben sind, hat sich die Art und Weise, wie diese Funktionen erfüllt werden, dramatisch verändert. Wir haben uns von roher Kraft zu strategischem Scharfsinn, von autokratischer Herrschaft zu kooperativer Führung und von operativer Aufsicht zu inspirierender Vision entwickelt.

Angesichts immer neuer Herausforderungen und Chancen wird sich das Konzept der Führung zweifellos weiter entwickeln. Das Verständnis seiner Ursprünge und der verschiedenen Veränderungen, die es im Laufe der Jahrtausende erfahren hat, ist jedoch für jeden, der in der komplexen Welt von heute eine wirksame Führungsrolle anstrebt, von entscheidender Bedeutung. Dieser historische Blickwinkel bietet nicht nur eine Perspektive, sondern auch Inspiration und erinnert uns daran, dass es bei der Führung im Kern immer darum ging, eine Gruppe von Menschen zu befähigen, ein gemeinsames Ziel zu erreichen. Und wie wir das tun, ist die immerwährende Geschichte der Führung.

Schlüsselmerkmale der Führung: Die Bausteine des Einflusses und der Wirkung

Obwohl Führung im Laufe der Geschichte verschiedene Formen und Bedeutungen angenommen hat, gibt es grundlegende Merkmale, die für das Konzept zentral bleiben. Diese Eigenschaften unterscheiden Führungspersönlichkeiten nicht nur von anderen, sondern dienen auch als Pfeiler, auf denen eine effektive Führung aufgebaut ist. Im Folgenden gehen wir auf drei dieser Schlüsseleigenschaften ein: die Fähigkeit, zu inspirieren, die Klarheit der Vision und den Mut, den Status quo in Frage zu stellen.

Inspiration: Die Fähigkeit, Leidenschaft und Motivation zu entfachen

Inspiration ist der Funke, der das Feuer der Leistung entfacht. Führungspersönlichkeiten inspirieren, indem sie die Hoffnungen, Bestrebungen und das Potenzial der Menschen in ihrem Umfeld anzapfen. Sie setzen nicht nur Ziele, sondern machen den Menschen Lust, nach den Sternen zu greifen. Ob durch fesselnde Geschichten, emotionale Intelligenz oder die schiere Kraft einer charismatischen Persönlichkeit - inspirierende Führungskräfte schaffen eine emotionale Bindung, die Menschen dazu motiviert, mehr zu leisten, als sie ursprünglich für möglich hielten. Wichtig ist, dass es bei dieser Inspirationskraft nicht darum geht, Handlungen zu diktieren, sondern ein Umfeld zu schaffen, in dem sich die Menschen ermächtigt fühlen, selbst zu handeln.

In einem organisatorischen Umfeld ist die Fähigkeit, zu inspirieren, ein unverzichtbares Gut, das Hand in Hand mit den harten Fähigkeiten des Projektmanagements, der Strategieentwicklung und der operativen Überwachung geht. Inspiration ist der Katalysator, der einen gut ausgearbeiteten Plan in eine leidenschaftlich ausgeführte Mission verwandelt, der das Alltägliche in etwas Magisches und das Unwahrscheinliche in etwas Erreichbares verwandelt.

Der Fähigkeit, wirksam zu inspirieren, liegen mehrere Schlüsselkomponenten zugrunde:

- Authentizität: Authentische Führungskräfte erwecken Vertrauen und Hingabe, weil sie sich selbst treu bleiben und anderen gegenüber transparent sind. Diese Authentizität fördert tiefere Beziehungen, was wiederum eine stärkere emotionale Bindung schafft und es leichter macht, diejenigen zu inspirieren, die sie führen.

- Einfühlungsvermögen: Wenn eine Führungskraft die individuellen Bedürfnisse, Bestrebungen und Herausforderungen der Teammitglieder versteht, kann sie auf eine persönlichere und effektivere Weise mit ihnen in Kontakt treten. Einfühlungsvermögen ermöglicht eine gezielte Inspiration, die auf die spezifischen Umstände und Anforderungen jedes Einzelnen zugeschnitten ist.

- Widerstandsfähigkeit und Optimismus: Herausforderungen und Rückschläge sind unvermeidlich, aber inspirierende Führungspersönlichkeiten bewahren auch im Angesicht von Widrigkeiten eine positive Einstellung. Ihre Widerstandsfähigkeit wirkt wie ein Leuchtfeuer, das die Teammitglieder durch Schwierigkeiten hindurchführt und ihnen das Vertrauen vermittelt, dass Hindernisse überwunden werden können.

- Mit gutem Beispiel vorangehen: Eine der wirkungsvollsten Methoden, um zu inspirieren, ist vielleicht, mit gutem Beispiel voranzugehen. Wenn Führungskräfte die Werte, die Arbeitsmoral und das Engagement verkörpern, die sie predigen, ist dies ein starker Motivator für ihr Team, es ihnen gleichzutun.

- Kommunikationsfähigkeiten: Wirksames Geschichtenerzählen, überzeugende Rhetorik und ein klarer, offener Dialog sind wichtige Instrumente im Arsenal einer inspirierenden Führungskraft. Mit diesen Fähigkeiten können Führungskräfte Herausforderungen und Chancen so gestalten, dass sie Emotionen wecken und zum Handeln anregen.

- Ermutigung und Anerkennung: Die Anerkennung und Würdigung von Erfolgen, und seien sie noch so klein, kann sich tiefgreifend auf die Moral und die Motivation auswirken. Diese Form der positiven Verstärkung stärkt nicht nur das Ego des Einzelnen, sondern auch den Zusammenhalt des Teams.

- Ermächtigung: Inspirierende Führungskräfte horten keine Macht, sondern verteilen sie. Sie bieten den Teammitgliedern die Möglichkeit, Verantwortung zu übernehmen,

Entscheidungen zu treffen und ihre Ideen einzubringen. Diese Ermächtigung fördert bei den Teammitgliedern ein Gefühl der Eigenverantwortung und des Engagements, was ihre Motivation, gemeinsame Ziele zu erreichen, weiter steigert.

- Lernen und Entwicklung: Inspiration kommt oft von Wachstum und Entwicklung. Durch die Förderung und Erleichterung des kontinuierlichen Lernens signalisieren Führungskräfte, dass sie in die persönliche und berufliche Entwicklung ihres Teams investieren, was dazu führt, dass diese sich mit Engagement und harter Arbeit revanchieren.

Im Wesentlichen geht die Fähigkeit zu inspirieren über die transaktionalen Dimensionen des Arbeitsplatzes hinaus, um den emotionalen und psychologischen Kern eines jeden Teammitglieds anzusprechen. Sie verbindet das Objektive mit dem Subjektiven und schafft einen Synergieeffekt, der Organisationen zu beispiellosen Leistungen antreibt. Inspirierende Führungskräfte kultivieren eine Kultur, in der Leidenschaft und Zielsetzung nicht nur Schlagworte sind, sondern das eigentliche Gewebe, das die Organisation zusammenhält. Sie verwandeln das Erstrebenswerte in das Machbare und lassen das Unglaubliche unvermeidlich erscheinen.

Vision: Das große Ganze sehen und eine Richtung vorgeben

Die besten Führungskräfte sind auch Visionäre. Sie haben die Fähigkeit, über das Unmittelbare hinauszublicken, zugrundeliegende Muster zu erkennen und die Welt nicht nur so zu sehen, wie sie ist, sondern wie sie sein könnte. Diese Vision wirkt wie ein Nordstern, der nicht nur der Führungskraft, sondern auch dem Team oder der Organisation, die sie leitet, Richtung und Ziel gibt. Indem er ein überzeugendes Bild der Zukunft zeichnet, hilft eine visionäre Führungskraft, die Energien und den Fokus der verschiedenen Interessengruppen auf gemeinsame Ziele auszurichten. Darüber hinaus kann eine klare Vision in Zeiten der

Ungewissheit oder Krise besonders wichtig sein, da sie einen stabilen Orientierungspunkt bietet, wenn der vor uns liegende Weg unklar erscheint.

Der Akt der Zukunftsvision geht über das bloße Setzen von Zielen hinaus; es geht darum, eine lebendige mentale Landschaft zu schaffen, die das Ethos, die Ambitionen und die potenziellen Veränderungen umfasst, die den Weg einer Organisation neu definieren könnten. Dabei geht es nicht nur um Meilensteine und wichtige Leistungsindikatoren, auch wenn diese wichtig sind. Eine Vision ist eher ätherisch, sie vermischt Rationalität mit Fantasie, Fakten mit Ambitionen und gegenwärtige Realitäten mit zukünftigen Möglichkeiten.

Eine gut formulierte Vision wirkt wie eine verbindende Kraft, die verschiedene Abteilungen, Funktionen und sogar externe Partner auf ein gemeinsames Ziel ausrichtet. Die Vision wird zu einem Werkzeug für das Geschichtenerzählen, zu einer Erzählung, die komplexe Strategien nachvollziehbar und abstrakte Aufgaben greifbar macht. Sie verwebt die verschiedenen Fäden der Aktivitäten einer Organisation zu einem zusammenhängenden Gobelin, den jeder verstehen und zu dem jeder beitragen kann.

In einer Welt, in der die Ablenkungen zahlreich sind und der Wettbewerb um die geistige Bandbreite intensiv ist, hilft eine überzeugende Vision dabei, den Fokus und die Konsistenz bei allen Aktionen und Entscheidungen aufrechtzuerhalten. Sie wirkt wie ein Sieb und hilft dabei, Ressourcen und Anstrengungen zu priorisieren, indem sie auf die übergeordneten Ziele abgestimmt werden. Diese Art der Ausrichtung ist für jede Organisation unerlässlich, aber besonders wichtig ist sie in größeren oder komplexeren Einheiten, wo die Gefahr der Fragmentierung und interner Konflikte größer ist.

Vor allem ist eine Vision kein Fixpunkt, sondern ein Leitstern. Sie lässt Kurskorrekturen zu, passt sich neuen Informationen an und entwickelt sich je nach den Umständen weiter, bleibt aber dennoch eine Quelle der Inspiration und Orientierung. Da die Vision sowohl unerschütterlich als auch flexibel ist, bietet sie Raum für Innovation und ermutigt die Teammitglieder, die strategische Ausrichtung der Organisation zu erkunden, zu hinterfragen und zu verfeinern.

Die Vision einer Führungskraft ist auch ihr stärkstes Instrument, um Menschen zu inspirieren. Eine überzeugende Vision weckt Emotionen - sie erregt, fasziniert und motiviert. Sie lässt die Herausforderungen lohnenswert erscheinen und macht die Arbeit zu einem Streben nach etwas Größerem. Wichtig ist auch, dass eine Vision in unsicheren Zeiten ein Gefühl der Sicherheit und des Vertrauens vermittelt. Sie ist ein Leuchtturm im Nebel der Ungewissheit, dessen konstantes Leuchten die Gewissheit gibt, dass es eine Richtung, einen Plan und eine erstrebenswerte Zukunft gibt.

Eine Vision bietet mehr als nur eine Karte für die Zukunft; sie bietet einen Sinn für Identität. Sie sagt den Teammitgliedern und Stakeholdern, wer sie sind, wer sie werden können und wie sie in die größere Geschichte passen. Die Rolle einer visionären Führungspersönlichkeit besteht also nicht nur darin, Ziele zu setzen, sondern einen Rahmen zu schaffen, in dem der Einzelne Sinn, Zweck und Zugehörigkeitsgefühl findet. Durch eine Vision verwandelt eine Führungskraft eine Gruppe von Einzelpersonen in ein zielgerichtetes, kooperatives und zweckorientiertes Team.

Den Status Quo in Frage stellen: Der Mut zu Veränderung und Innovation

Führung bedeutet oft, dass man aus etablierten Normen ausbricht, um etwas Größeres zu erreichen. Dies erfordert Mut - eine weitere wesentliche Eigenschaft effektiver Führungskräfte. Es geht nicht nur darum, Risiken einzugehen, sondern auch darum, bestehende Systeme in Frage zu stellen, konventionelle Weisheiten in Frage zu stellen und bereit zu sein, innovativ zu sein. Der Mut einer Führungskraft zeigt sich in ihrer Fähigkeit, Grenzen zu überschreiten, selbstgefällige Praktiken zu durchbrechen und neue Paradigmen einzuführen. Das kann bedeuten, dass sie für eine unpopuläre, aber notwendige Veränderung eintritt, ein bahnbrechendes Produkt entwickelt oder einen moralischen Standpunkt vertritt. Der Mut, den Status quo in Frage zu stellen, unterscheidet Führungspersönlichkeiten, die einen bleibenden Eindruck hinterlassen, oft von denen, die lediglich eine Autoritätsposition innehaben.

Das Wesentliche bei der Infragestellung des Status quo liegt in der Fähigkeit einer Führungskraft, eine Kultur des konstruktiven Dissenses, der intellektuellen Neugier und der kontinuierlichen Verbesserung zu kultivieren. Solche Führungskräfte schaffen ein Umfeld, in dem Hinterfragen erwünscht ist und in dem die vorherrschende Weisheit nicht als Evangelium, sondern als Hypothese betrachtet wird, die hinterfragt werden kann. Dieses Umfeld ist nicht auf Konfrontation ausgerichtet, sondern zielt darauf ab, eine Organisation durch kollektive, gemeinschaftliche Anstrengungen zu verbessern. Indem sie sich weigern, sich mit "gut genug" zufrieden zu geben, vermitteln solche Führungskräfte ein unausgesprochenes Ethos - dass es immer Raum für Wachstum, für Hinterfragen und für das Streben nach Spitzenleistungen gibt.

Führungspersönlichkeiten, die den Mut haben, bestehende Normen in Frage zu stellen, erkennen auch die Bedeutung des richtigen Zeitpunkts. Sie wissen, dass nicht jeder Moment reif ist für einen Umbruch oder eine Veränderung. So sehr sie zum Handeln neigen, so sehr wissen sie auch, wann sie sich zurückhalten, beobachten, zuhören und auf den richtigen Moment warten müssen, in dem ihr Ruf nach Veränderung die größte Resonanz und die größten Erfolgschancen hat. Sie wägen die Risiken und Chancen ab und sind sich bewusst, dass die Nachhaltigkeit des Wandels von seinem Zeitpunkt, seinem

Kontext und seiner Relevanz für diejenigen abhängt, die sich anpassen sollen.

Den Status quo in Frage zu stellen, bedeutet nicht Veränderung um der Veränderung willen. Sie ist zweckorientiert, basiert auf der übergreifenden Vision einer Führungskraft und ist auf die langfristigen strategischen Ziele des Unternehmens ausgerichtet. Jeder Schritt, der unternommen wird, jede Norm, die in Frage gestellt wird, und jede Überschreitung von Grenzen erfolgt in dem klaren Bewusstsein, dass solche Maßnahmen der Förderung dieser Vision dienen. Dieser gezielte Fokus stellt sicher, dass der Wandel konstruktiv und nicht destruktiv ist; er entwickelt die Organisation weiter, anstatt Chaos zu schaffen.

Führungspersönlichkeiten, die den Mut haben, den Status quo in Frage zu stellen, wissen, dass sie es nicht allein schaffen können - und sollten. Sie trommeln ihre Teams zusammen, holen sich Anregungen und bilden Koalitionen. Sie erkennen, dass die wirkungsvollsten Veränderungen oft von unten nach oben kommen, von den Teammitgliedern, die der Arbeit, den Kunden oder den Herausforderungen am nächsten sind. Durch die Einbeziehung einer Vielzahl von Perspektiven schaffen Führungskräfte nicht nur Akzeptanz, sondern bereichern auch ihr eigenes Verständnis und verbessern so die Qualität der Veränderungen, die sie umsetzen wollen.

Im Großen und Ganzen trägt die Bereitschaft einer Führungskraft, den Status quo in Frage zu stellen, zu ihrem Vermächtnis bei. Sie bestimmt, wie man sich an sie erinnert und welchen Einfluss sie hinterlässt. Diejenigen, die mutig genug sind, Veränderungen und Innovationen anzustreben, heben nicht nur sich selbst, sondern auch die gesamte Organisation in neue Höhen. Sie schaffen die Voraussetzungen für kontinuierliches Wachstum, Widerstandsfähigkeit und Anpassungsfähigkeit und verankern die Organisation in einer Kultur, die Veränderungen nicht als

Bedrohung, sondern als Chance zur ständigen Erneuerung und Weiterentwicklung sieht.

Diese Schlüsseleigenschaften - Inspiration, Vision und Mut - bilden das Fundament der Führung. Sie sind die Elemente, die Teams mit Energie versorgen, Kulturen formen und Veränderungen vorantreiben. Auch wenn die Art und Weise, wie diese Eigenschaften zum Ausdruck kommen, von Führungskraft zu Führungskraft unterschiedlich sein kann, so bleibt ihr Kern doch derselbe: Menschen für ein gemeinsames Ziel zu mobilisieren und dabei etwas Außergewöhnliches zu erreichen. In einer Zeit, in der sowohl Anpassungsfähigkeit als auch Integrität gefragt sind, sind diese grundlegenden Eigenschaften für jeden, der effektiv führen will, wichtiger denn je.

Die Rolle der Führungskraft: Den Kurs bestimmen, die Kultur formen und dem Sturm trotzen

Führung ist kein abstraktes Konzept, sondern eine konkrete Aufgabe mit spezifischen Verantwortlichkeiten, die weitreichende Auswirkungen haben. In modernen Organisationen ist die Aufgabe einer Führungskraft komplex und vielschichtig. Betrachten wir die verschiedenen Facetten, die die Rolle einer Führungskraft in der heutigen Welt ausmachen.

Festlegung der Vision und Richtung für Teams oder ganze Organisationen

Eine der Hauptaufgaben einer Führungskraft ist es, die Vision und die Richtung für das Team oder die Organisation festzulegen, die sie leitet. Diese Vision dient als strategischer Fahrplan, der aufzeigt, wohin die Gruppe gehen soll und wie sie dieses Ziel erreichen will. Die Führungskraft formuliert diese Vision in einer Weise, die überzeugend und nachvollziehbar ist, und inspiriert so die Teammitglieder, sich mit Leidenschaft für die Mission einzusetzen. Die Vision ist mehr als nur eine Aussage, sie wird zum ideologischen Rückgrat der Organisation und beeinflusst die

Entscheidungsfindung auf allen Ebenen. Die Führungskraft ist dafür verantwortlich, dass diese Vision nicht nur kommuniziert, sondern auch in die Unternehmenskultur und -abläufe integriert wird.

Aufbau und Förderung einer positiven Organisationskultur

Kultur wird oft als "die Art und Weise, wie die Dinge hier gemacht werden" beschrieben, und Führungskräfte spielen eine zentrale Rolle bei der Schaffung und Pflege dieser Kultur. Eine positive Unternehmenskultur kann ein Wettbewerbsvorteil sein, da sie dazu beiträgt, Talente anzuziehen, Innovationen zu fördern und den Zusammenhalt eines Teams zu stärken. Führungskräfte schaffen eine Kultur nicht nur durch Richtlinien und Anreize, sondern auch durch ihr eigenes Verhalten, das den Ton für die gesamte Organisation angibt. Sie erkennen den Wert der Vielfalt an, fördern das Gefühl der Zugehörigkeit und schaffen ein Umfeld, in dem offener Dialog und Zusammenarbeit gedeihen. Auf diese Weise legen sie den Grundstein für eine Kultur, die anpassungsfähig und widerstandsfähig ist und die auf langfristigen Erfolg ausgerichtet ist.

Mit Resilienz durch Herausforderungen und Ungewissheiten navigieren

Der Weg zur Verwirklichung einer Vision verläuft selten reibungslos. Auf dem Weg dorthin müssen Führungskräfte eine Reihe von Herausforderungen und Unwägbarkeiten bewältigen, die von Marktschwankungen und Wettbewerbsdruck bis hin zu internen Konflikten und Ressourcenknappheit reichen können. Die Art und Weise, wie eine Führungskraft mit diesen Herausforderungen umgeht, gibt oft den Ton für die gesamte Organisation an. Resilienz bedeutet in diesem Zusammenhang nicht nur, sich von Rückschlägen zu erholen, sondern auch, potenzielle Hindernisse zu antizipieren und sich auf sie vorzubereiten. Führungskräfte beweisen Resilienz, indem sie eine positive Einstellung bewahren, sich an Veränderungen anpassen und ihre Teams dazu ermutigen, das Gleiche zu tun. Sie lösen nicht nur Probleme, sondern verwandeln Herausforderungen in Chancen für Wachstum und Lernen.

In einer Welt, die immer unbeständiger, unsicherer, komplexer und mehrdeutiger wird, geht die Rolle einer Führungskraft weit über die transaktionalen Elemente des Managements hinaus. Die Führungskraft ist der Dreh- und Angelpunkt, der Visionär und der moralische Kompass, der eine Organisation durch die verworrenen Herausforderungen der modernen Wirtschaft führt. Technische Fähigkeiten und Fachwissen sind zwar nach wie vor wichtig, aber es sind die "weicheren" Fähigkeiten - Einfühlungsvermögen, Mut und die Fähigkeit, zu inspirieren -, die große Führungspersönlichkeiten oft von lediglich kompetenten unterscheiden.

Die Konvergenz von Management- und Führungsaufgaben in der modernen Arbeitswelt weist auch auf ein differenziertes Verständnis dafür hin, dass Führung nicht auf eine bestimmte Position oder einen Titel beschränkt ist. Es ist ein Verhalten, eine Einstellung, eine Art, an Herausforderungen und Chancen heranzugehen, die sich auf jeder Ebene innerhalb einer Organisation manifestieren kann. Führungspersönlichkeiten gibt es in jeder Abteilung, auf jeder Ebene, und ihr Einfluss wird oft verstärkt, wenn sie synergetisch arbeiten und sich von einer einheitlichen Vision leiten lassen.

Diese sich wandelnde Führungslandschaft erfordert Anpassungsfähigkeit, ein ausgeprägtes Selbstbewusstsein und ein dauerhaftes Engagement für persönliches und berufliches Wachstum. Die effektivsten Führungskräfte werden diejenigen sein, die sich ständig bemühen, sich selbst zu verbessern, die keine Angst haben, ihre eigenen Annahmen zu hinterfragen, und die Führung nicht als ein zu erreichendes Ziel, sondern als eine Reise des ständigen Lernens und der Selbstentdeckung betrachten.

Letzten Endes misst sich der Wert einer Führungskraft an dem Wert, den sie für andere schafft, an der Kultur, die sie kultiviert, und an den Visionen, zu deren Verwirklichung sie beiträgt. In diesem Zeitalter des unaufhaltsamen Wandels muss der Kompass einer Führungskraft auf Werten beruhen, die Bestand haben - auf den Prinzipien der Integrität, des Respekts und eines gemeinsamen Ziels, das jedem Sturm standhält.

Zum Abschluss dieser Untersuchung über Führung in der heutigen Zeit sollten wir uns daran erinnern, dass Führung nicht nur eine individuelle Aufgabe ist, sondern ein kollektives Unterfangen. Sie erfordert von der Führungskraft ein tiefes Verständnis für die Bedürfnisse, Bestrebungen und das Potenzial der Geführten, um sie für gemeinsame Ziele zu begeistern und ein Umfeld zu schaffen, in dem sich jedes Teammitglied ermächtigt fühlt, seine einzigartigen Fähigkeiten und Perspektiven einzubringen.

Die Kunst der Führung besteht also darin, die Komplexität und die Widersprüche, die mit dieser wichtigen Rolle einhergehen, auszubalancieren: visionär und doch bodenständig, strategisch und doch reaktionsschnell, selbstbewusst und doch bescheiden zu sein. Durch das Verständnis und die Integration dieser mehrdimensionalen Aspekte der Führung werden künftige Führungskräfte besser darauf vorbereitet sein, die Feinheiten moderner Organisationen zu meistern und nicht nur ihren persönlichen Erfolg, sondern auch den dauerhaften Wohlstand der Gemeinschaften, denen sie dienen, zu fördern.

Kapitel 4: Die Überschneidungen: Wo Management auf Führung trifft

In den vorangegangenen Kapiteln haben wir die komplexen Bereiche des Managements und der Führung unter die Lupe genommen und ihre einzigartigen Eigenschaften, Ursprünge und Entwicklungen beleuchtet. Obwohl es von Vorteil ist, diese Rollen isoliert zu verstehen, erzählt die Realität des modernen Organisationslebens eine andere Geschichte - eine, in der die Grenzen zwischen Management und Führung häufig verschwimmen. Diese Dualität ist keine Abweichung, sondern vielmehr eine Notwendigkeit. Das heutige schnelllebige, wettbewerbsintensive und zunehmend komplexe Geschäftsumfeld erfordert Fachleute, die nicht nur Aufgaben verwalten, sondern auch Menschen führen können, die nicht nur Systeme aufrechterhalten, sondern auch Veränderungen anregen können.

In diesem Kapitel soll das Zusammenspiel von Management und Führung näher beleuchtet werden. Wir werden diese komplizierte Beziehung aus verschiedenen Blickwinkeln untersuchen - von den Bereichen, in denen sich beide überschneiden, bis hin zu den Aufgaben, die eine Mischung aus beiden Fähigkeiten erfordern. Wir werden über die theoretischen Paradigmen hinausgehen und die Auswirkungen in der Praxis untersuchen, indem wir konkrete Beispiele und Fallstudien anführen, um das Thema zu vertiefen.

Warum ist das wichtig? Zum einen kann das Verständnis dieser Überschneidung Sie von den Beschränkungen von Etiketten befreien. Sie müssen sich nicht mehr in die Kategorie "Manager" oder "Führungskraft" einordnen, wenn Sie in Wirklichkeit wahrscheinlich beides sind, in unterschiedlichem Maße und unter verschiedenen Umständen. Zweitens kann das Erkennen der Symbiose zwischen Management und Führung einen Wettbewerbsvorteil darstellen. Sie gibt Fachleuten und Organisationen ein breiteres Instrumentarium an die Hand, um die vor ihnen liegenden Herausforderungen und Chancen zu bewältigen.

Wenn wir uns also mit dieser komplexen Überschneidung von Disziplinen befassen, sollten wir uns vor Augen halten, dass unser oberstes Ziel nicht nur darin besteht, zu definieren oder zu differenzieren, sondern zu integrieren und zu harmonisieren. In einer Zeit, in der Anpassungsfähigkeit der Schlüssel zum Erfolg ist, könnte die Berücksichtigung der Überschneidungen zwischen Führung und Management sehr wohl der Dreh- und Angelpunkt für organisatorische Spitzenleistungen und persönlichen beruflichen Erfolg sein.

Die Grauzone: Wo sich Management und Führung überschneiden

Es ist verlockend, sich eine klar definierte Grenze zwischen Management und Führung vorzustellen - zwei unterschiedliche Kreise, die sich nicht überschneiden. Die reale Welt ähnelt jedoch eher einem Venn-Diagramm, in dem sich die beiden Kreise stark überschneiden. Innerhalb dieser "Grauzone" erfordern Rollen und Verantwortlichkeiten oft eine nahtlose Integration von Management- und Führungskompetenzen. Tauchen wir in diese kritische Zone ein, um ihre Komplexität zu entschlüsseln.

Gemeinsame Funktionen und Zuständigkeiten

Mehrere Kernfunktionen innerhalb einer Organisation erfordern eine Mischung aus Management- und Führungsfähigkeiten. Strategische Planung beispielsweise erfordert die Vision, einen zukunftsorientierten Kurs zu entwerfen (Führung), und die akribische Aufmerksamkeit für Details, die für die Erstellung eines Fahrplans zur Erreichung dieser Vision erforderlich ist (Management). In ähnlicher Weise erfordert das Krisenmanagement oft eine schnelle Entscheidungsfindung und eine starke Führungshand, um das Team durch unruhige Gewässer zu navigieren (Führung), gekoppelt mit einer effektiven Ressourcenzuweisung und einem Notfallplan (Management).

Eine weitere gemeinsame Aufgabe ist die Teamentwicklung. Hier verzahnt sich die Managementfähigkeit der Leistungsbeurteilung mit der Führungsfähigkeit, zu inspirieren und zu betreuen. Schließlich blicken die Teammitglieder zu einer Person auf, die ihnen nicht nur Verbesserungsmöglichkeiten aufzeigt, sondern sie auch auf eine transformative Reise zur Verbesserung führt.

Die Personalverwaltung ist ein weiterer Bereich, in dem sich Management und Führung überschneiden. Während die administrativen Aufgaben wie Personalbeschaffung, Gehaltsabrechnung und Durchsetzung von Richtlinien unter die traditionellen Führungsaufgaben fallen, kommen die Führungsaspekte in Bereichen wie Aufbau einer Unternehmenskultur, Mitarbeiterengagement und Talententwicklung ins Spiel. Manager, die auch Führungsaufgaben wahrnehmen, sind eher in der Lage, Spitzenkräfte an sich zu binden, da sie in das Wachstum und das Wohlbefinden ihrer Mitarbeiter investieren. Sie wissen, wann sie den "Managerhut" aufsetzen und sich auf Verfahren und Ergebnisse konzentrieren müssen, und wann sie den "Führungshut" aufsetzen müssen, um Vertrauen zu schaffen und ein Gefühl der Zielstrebigkeit zu fördern.

Die Finanzverwaltung ist eine weitere doppelte Aufgabe. Während der Manager für die Einhaltung des Budgets, die optimale Ressourcenzuweisung und die Finanzberichterstattung sorgt, betrachtet die Führungskraft in derselben Rolle die Finanzkennzahlen als Instrumente für die strategische Entscheidungsfindung. Dabei geht es darum, Investitionen für langfristige Gewinne zu tätigen oder einen finanziellen Weg einzuschlagen, der mit den ethischen und Wachstumszielen des Unternehmens in Einklang steht.

Auch im Bereich des Betriebs- und Projektmanagements sind für die wirksame Koordinierung, Überwachung und den Abschluss von Projekten solide Managementfähigkeiten erforderlich. Führungsqualitäten wie Vision und Innovation werden jedoch entscheidend, wenn Projekte auf unvermeidliche Hindernisse stoßen. Führungskräfte finden kreative Lösungen und fördern eine Problemlösungskultur, die es den Teams ermöglicht, sich anzupassen, zu lernen und an jeder Herausforderung zu wachsen.

Kundenbeziehungen und Stakeholder-Management sind weitere Bereiche, in denen sich Management und Führung überschneiden. Während Manager dafür sorgen, dass die Kundendienstprotokolle eingehalten und die Anforderungen der Stakeholder erfüllt werden, gehen Führungskräfte einen Schritt weiter, indem sie Beziehungen aufbauen. Sie steuern nicht nur die Erwartungen, sondern schaffen auch Vertrauen und Zuversicht und machen Kunden und Stakeholder zu Fürsprechern des Unternehmens.

Das Innovationsmanagement rückt in modernen Unternehmen zunehmend in den Mittelpunkt. Während sich traditionelle Führungsaufgaben auf die Aufrechterhaltung bestehender Prozesse und Systeme konzentrieren, sucht die Führungskraft im Inneren immer nach Möglichkeiten, Dinge besser, schneller oder effektiver zu machen. Sie sind offen für neue Ideen, fördern eine Kultur des Experimentierens und scheuen sich nicht, einen anderen Weg einzuschlagen, wenn er sich als unfruchtbar erweist.

Auch die Kommunikation ist eine Aufgabe mit doppelter Zuständigkeit. Manager verbreiten Informationen und stellen sicher, dass alle auf derselben Seite stehen, ihre Rollen verstehen und den Zeitplan kennen. Führungskräfte hingegen nutzen die Kommunikation, um zu motivieren, ein gemeinsames Identitätsgefühl zu schaffen und eine Vision zu formulieren, hinter der sich andere versammeln können.

Die Funktionen und Verantwortlichkeiten in modernen Unternehmen erfordern zunehmend eine hybride Kompetenz, die den operativen Fokus des Managements mit den menschenzentrierten, zukunftsorientierten Eigenschaften der Führung verbindet. Diejenigen, die diese beiden Aspekte integrieren können, sind wahrscheinlich gut gerüstet, um die vielschichtigen Herausforderungen zu meistern, die das dynamische Geschäftsumfeld von heute kennzeichnen.

Spezifische Szenarien, in denen Führung und Management untrennbar miteinander verbunden sind

Um diese abstrakten Ideen zum Leben zu erwecken, sollten Sie sich in die Rolle des CEO eines Start-ups versetzen. Morgens sitzt er vielleicht in einer Vorstandssitzung und legt die strategische Vision des Unternehmens fest. Am Nachmittag könnte er die vierteljährlichen Budgets prüfen und die Ressourcenzuweisung absegnen. Sie wechseln zwischen motivierenden Reden, um die Truppe zu inspirieren, und der Behebung von betrieblichen Engpässen. In einer solchen Funktion kann man sich nicht den Luxus erlauben, nur Manager oder Führungskraft zu sein; sie erfordert Fähigkeiten in beiden Bereichen.

Ein weiteres anschauliches Szenario ist das einer gemeinnützigen Organisation, die mit einem plötzlichen Verlust der Finanzierung zu kämpfen hat. Die Führungskraft muss das Team beruhigen, es auf den Auftrag der Organisation ausrichten und seine Leidenschaft für die Sache neu entfachen. Gleichzeitig ist Managementgeschick gefragt, um das Budget zu überarbeiten, Ressourcen neu zuzuweisen und vielleicht sogar eine neue Fundraising-Strategie anzuführen.

In diesen und unzähligen anderen Fällen sind die beiden Rollen nicht nur miteinander verbunden, sondern untrennbar miteinander verknüpft. Wird dies nicht erkannt, führt dies zu einem unvollständigen und daher weniger effektiven Ansatz zur Lösung der komplexen Probleme und Herausforderungen, mit denen Unternehmen heute konfrontiert sind.

Während wir uns durch diese nuancierte Landschaft bewegen, wird immer deutlicher, dass die Grauzone kein Bereich der Verwirrung, sondern ein Bereich der bereichernden Möglichkeiten ist. Hier finden sich dynamische Fachleute und erfolgreiche Organisationen oft wieder, die nicht auf die Grenzen einer der beiden Rollen beschränkt sind, sondern durch die Fähigkeiten beider Rollen gestärkt werden.

Verstehen, dass viele Fachkräfte sowohl Führungs- als auch Managementeigenschaften aufweisen

Je mehr wir uns mit den vielfältigen Aufgaben in Unternehmen befassen, desto deutlicher wird, dass das "Entweder-Oder" von Führungskräften oder Managern die Vielfalt des Berufslebens nicht wirklich widerspiegelt. Die Wahrheit ist, dass viele Funktionen eine Mischung aus Führungs- und Managementfähigkeiten erfordern, um optimal zu funktionieren. Betrachten wir einige herausragende Beispiele und erörtern wir die Entstehung hybrider Modelle, die diesen doppelten Bedarf anerkennen.

Beispiele für Rollen, die beide Qualifikationen erfordern

Positionen im mittleren Management sind vielleicht eines der besten Beispiele für Aufgaben, die eine gesunde Mischung aus Führungs- und Managementfähigkeiten erfordern. Diese Fachleute befinden sich oft zwischen der obersten Führungsebene und den Mitarbeitern an der Front und setzen strategische Ziele in umsetzbare Pläne um. Sie müssen ihre Teams inspirieren und motivieren (Führung) und gleichzeitig sicherstellen, dass die täglichen Abläufe mit den übergeordneten Unternehmenszielen übereinstimmen (Management).

Auch Projektmanager verkörpern diese Dualität. Während sie Projekte akribisch planen, verfolgen und durchführen müssen (Management), sind sie auch dafür verantwortlich, das Team zu versammeln, Konflikte zu lösen und während des gesamten Projektzyklus eine einheitliche Vision aufrechtzuerhalten (Führung).

Im Gesundheitswesen erfordern Funktionen wie die eines leitenden Krankenpflegers oder eines Chefarztes nicht nur die Beherrschung medizinischer Protokolle und Verfahren, sondern auch die zwischenmenschlichen Fähigkeiten zur Führung von Teams in einem hochsensiblen, oft stressigen Umfeld.

In ähnlicher Weise müssen Bildungsadministratoren, wie Schulleiter oder Universitätsdekane, ein Gleichgewicht zwischen der Verwaltung von Lehrplänen, der Überwachung des Personals und der Einhaltung institutioneller Vorschriften und den inspirierenden Aspekten der Anleitung von Lehrkräften und Studenten zur akademischen und persönlichen Entwicklung finden. Sie müssen Budgets und Zeitpläne verwalten und gleichzeitig eine Atmosphäre schaffen, die das Lernen fördert und zu Innovation und Integration ermutigt.

Chief Technology Officers (CTOs) in der Technologiebranche sind ein weiteres Paradebeispiel. Sie sind sowohl für die Leitung der technologischen Vision eines Unternehmens (Führung) als auch für die Überwachung der Entwicklung und Wartung von Technologielösungen (Management) zuständig. Die Fähigkeit, Technikteams innovativ zu leiten und gleichzeitig sicherzustellen, dass Projekte rechtzeitig und innerhalb des Budgets abgeschlossen werden, ist eine anspruchsvolle Aufgabe, die beide Fähigkeiten erfordert.

Unternehmer, vor allem in der Start-up-Phase, tragen oft beide Hüte, weil es notwendig ist. Sie müssen Visionäre sein, die Investoren und erste Mitarbeiter inspirieren können, und gleichzeitig praktische Manager sein, die alles von der Produktentwicklung bis hin zu Marketingstrategien und Finanzplanung überwachen können.

Führungskräfte in gemeinnützigen Organisationen verkörpern ebenfalls diese Doppelrolle. Sie müssen eine leidenschaftliche Vision und Mission entwickeln, um Freiwillige und Spender zu motivieren (Führung), und gleichzeitig die Ressourcen effektiv verwalten, um eine greifbare Wirkung zu erzielen (Management). Dieses Gleichgewicht ist entscheidend für Organisationen, bei denen es unter dem Strich nicht nur um Gewinne, sondern auch um soziale Auswirkungen geht.

Vertriebsleiter oder -manager müssen ihre Ziele erreichen und den Umsatz steigern (Management) und gleichzeitig ihre Teams dazu inspirieren, kundenorientiert zu arbeiten und sich an Marktveränderungen anzupassen (Führung). Sie müssen ihre Produkte und die Bedürfnisse ihrer Kunden genau verstehen und in der Lage sein, dieses Verständnis ihren Teams auf eine Weise zu vermitteln, die zum Handeln und Engagement anregt.

Im öffentlichen Sektor erfordern Positionen wie Stadtplaner, Polizeichefs und andere Positionen in der Regierung taktische Fähigkeiten zur Verwaltung großer Teams und Budgets, aber auch Führungsqualitäten, um mit der Gemeinschaft in Kontakt zu treten und Initiativen voranzutreiben, die mit breiteren gesellschaftlichen Zielen übereinstimmen.

Selbst Aufgaben, die traditionell eher auf eine bestimmte Qualifikation ausgerichtet waren, entwickeln sich weiter. So beschränken sich Personalfachleute nicht mehr nur auf administrative Aufgaben wie Gehaltsabrechnung und Verwaltung von Sozialleistungen. Sie werden zunehmend als strategische Partner in der Organisationsentwicklung gesehen, die zu Führungsentscheidungen beitragen und den kulturellen Wandel vorantreiben.

Daher wird in allen Branchen und Sektoren zunehmend anerkannt, dass eine Mischung aus Management- und Führungsfähigkeiten erforderlich ist. Von Fachleuten in Funktionen, die früher entweder nur die Kontrolle oder nur die Vision betrafen, wird heute erwartet, dass sie eine nuancierte Mischung aus beidem besitzen, die die Komplexität und Interdependenz der modernen organisatorischen Herausforderungen widerspiegelt.

Das Aufkommen hybrider Modelle in Organisationsstrukturen

Moderne Unternehmen haben die Notwendigkeit erkannt, Rollen zu schaffen, die sowohl Führungs- als auch Managementkompetenzen umfassen, und setzen daher zunehmend auf hybride Modelle, die diese Fähigkeiten bewusst miteinander verbinden. Einige Unternehmen haben zum Beispiel Rollen wie "Lead Developer" oder "Creative Director" eingeführt, in denen Personen sowohl für die Ausführung als auch für die Leitung verantwortlich sind. Diese Rollen sind so konzipiert, dass sie technisches Fachwissen mit Teammanagement und strategischer Planung verbinden.

In ähnlicher Weise weichen traditionelle hierarchische Modelle agileren, matrixförmigen oder flachen Organisationsstrukturen, in denen Fachleute zwischen Management- und Führungsrollen wechseln müssen, oft am selben Tag oder sogar in derselben Sitzung.

Solche hybriden Modelle erkennen an, dass die effektivsten Fachleute diejenigen sind, die ihren Ansatz flexibel an unterschiedliche Herausforderungen anpassen können. Sie wissen, dass der Schlüssel zum Erfolg einer Organisation oft in den Überschneidungen, den Grauzonen zwischen den traditionellen Kategorisierungen von Führung und Management liegt.

Indem wir uns dieses nuanciertere Verständnis zu eigen machen, ebnen wir Fachleuten und Organisationen den Weg, sich von den Zwängen starrer Rollendefinitionen zu befreien. Dies ermöglicht einen dynamischeren, anpassungsfähigeren und letztlich erfolgreicheren Ansatz zur Bewältigung der vielschichtigen Herausforderungen, die die moderne Unternehmenslandschaft mit sich bringt.

Die theoretischen Diskussionen über die Mischung von Führungs- und Managementeigenschaften haben erhebliche Auswirkungen auf die Praxis. Die Auswirkungen dieser harmonischen Integration sind nicht nur in Organigrammen oder strategischen Dokumenten spürbar, sondern auch in der täglichen Arbeit, der Teamdynamik und der Unternehmenskultur. Im Folgenden gehen wir auf Fallstudien ein, die die Vorteile dieses integrativen Ansatzes unterstreichen und die umfassenden Auswirkungen auf Leistung und Erfolg untersuchen.

Fallstudien zur Veranschaulichung der Vorteile

- Der Turnaround eines Tech-Startups: In der schnelllebigen Welt der Technologie-Startups befand sich ein Unternehmen trotz einer starken Marktpräsenz in einer Stagnationsphase. Der CEO, der ursprünglich eine technische Führungsrolle innehatte, nahm eine ausgewogenere Rolle an, indem er Führung und Management miteinander verband. Er inspirierte das Team zu Innovationen (Führung) und führte gleichzeitig datengesteuerte Entscheidungsprozesse ein (Management). Das Ergebnis? Eine neu belebte Unternehmenskultur und ein Anstieg des Quartalsumsatzes um 30 %.

- Effizienz auf der Krankenhausstation: Eine leitende Krankenschwester in einem stark frequentierten Großstadtkrankenhaus setzte eine Mischung aus Management- und Führungsstrategien ein, um die Effizienz der Station zu verbessern. Indem sie den Mitarbeitern ein

Gefühl der Zielstrebigkeit vermittelte (Führung) und ein effektiveres Planungssystem einführte (Management), stiegen die Patientenzufriedenheitswerte in die Höhe und das Burnout der Mitarbeiter ging zurück.

- Hervorragende Produktion: Eine Fabrik, die mit Produktivitätsproblemen zu kämpfen hatte, wendete ihr Glück, als ihr Betriebsleiter einen doppelten Ansatz verfolgte. Durch die Förderung einer Kultur der kontinuierlichen Verbesserung und der Teamarbeit (Führung) und die Umsetzung der Grundsätze der schlanken Produktion (Management) konnte die Fabrik ihre Produktivität um 20 % steigern und die Fehlerquote senken.

Wenn Führung und Management in einem ausgewogenen Verhältnis zueinander stehen, wirken sich die Vorteile auf alle Ebenen einer Organisation aus. Auf Teamebene führt dies zu Mitarbeitern, die nicht nur engagierter, sondern auch produktiver sind. Sie sehen den Sinn in ihrer Arbeit, sind motiviert durch die Vision ihrer Führungskräfte und schätzen gleichzeitig die strukturelle Effizienz, die ein gutes Management mit sich bringt.

Was die Organisationskultur betrifft, so fördert eine harmonische Mischung ein Umfeld des kontinuierlichen Lernens und der Verbesserung. Die Mitarbeiter fühlen sich ermächtigt, die Initiative zu ergreifen, weil sie darauf vertrauen können, dass es einen zuverlässigen Rahmen gibt, der sie unterstützt. Dies fördert ein Gefühl der Eigenverantwortung und des Verantwortungsbewusstseins, das für den langfristigen Erfolg entscheidend ist.

Auf einer größeren Ebene trägt die Integration zum Gesamterfolg des Unternehmens bei, da sie eine schnellere Anpassung an Marktveränderungen, eine effektivere Ressourcenzuweisung und eine besser abgestimmte, kohärente Strategie ermöglicht. Unternehmen, die Management- und Führungsfähigkeiten hervorragend miteinander verbinden, sind oft diejenigen, die ihre Märkte dominieren, traditionelle Geschäftsmodelle aufbrechen und Maßstäbe für Innovation und Spitzenleistungen setzen.

Kurz gesagt: Das Verständnis und die Integration der Prinzipien von Management und Führung ist nicht nur eine intellektuelle Übung, sondern ein praktisches Muss für den Erfolg von heute. Mit diesem ganzheitlichen Ansatz sind Unternehmen besser gerüstet, um die Komplexität der sich ständig verändernden Unternehmenslandschaft zu bewältigen.

Zum Abschluss dieser Erkundung der Überschneidungen zwischen Management und Führung wird deutlich, dass das Erkennen und Verstehen dieser Überschneidungen nicht nur eine theoretische Übung ist. Es ist in der Tat eine entscheidende Komponente, um in den komplexen und schnelllebigen Organisationsumgebungen von heute wirklich erfolgreich zu sein. Die Abgrenzung zwischen Management und Führung - obwohl für die akademische Unterscheidung und das anfängliche Verständnis nützlich - verschwimmt in der Praxis zunehmend. Die beiden Rollen sind nicht mehr klar voneinander abgegrenzt, sondern existieren oft nebeneinander, greifen ineinander und befruchten sich sogar gegenseitig in symbiotischen Beziehungen, die Organisationen vorantreiben.

Für angehende Fachkräfte und bestehende Organisationen, die Spitzenleistungen, Anpassungsfähigkeit und langfristige Nachhaltigkeit anstreben, ist ein ausgewogener Ansatz wichtiger denn je. Wir können es uns nicht mehr leisten, nur gute Manager oder inspirierende Führungskräfte zu sein; die Anforderungen der modernen Welt erfordern eine hybride Kompetenz, die das Beste von beidem umfasst. Wie wir anhand von Fallstudien und praktischen Beispielen gesehen haben, sind diejenigen, denen es gelingt, sowohl Führungs- als auch Managementeigenschaften zu integrieren, oft effektiver, anpassungsfähiger und besser in der Lage, Teams und Organisationen zu ungeahnten Höhen zu führen.

Wenn Sie also Ihre Reise in der Berufswelt fortsetzen - ob Sie nun an der Spitze eines multinationalen Unternehmens stehen, ein kleines Team in einem Start-up leiten oder irgendwo dazwischen - denken Sie daran, dass die Zukunft denjenigen gehört, die sich geschickt in der nuancierten Landschaft bewegen können, in der Management und Führung aufeinandertreffen.

Damit leisten Sie nicht nur einen Beitrag zu den unmittelbaren Zielen und Ergebnissen, sondern auch zu der umfassenderen Aufgabe, eine Arbeitskultur zu schaffen, die sowohl den Visionär als auch den Ausführenden, den Träumer und den Macher schätzt. Und genau in dieser ausgewogenen Kultur entstehen wahre Spitzenleistungen und Innovationen.

Kapitel 5: Die Unterscheidungen: Die wichtigsten Unterschiede und warum sie wichtig sind

In den vorangegangenen Kapiteln haben wir uns eingehend mit den Definitionen von Management und Führung, ihren wesentlichen Merkmalen und den Rollen, die sie innerhalb von Organisationsstrukturen spielen, beschäftigt. Wir haben auch untersucht, wie diese beiden scheinbar getrennten Disziplinen in der Praxis oft zusammenkommen und einen umfassenderen Ansatz bieten, um Organisationen auf ihre Ziele auszurichten. Obwohl die Anerkennung dieser Konvergenzen von entscheidender Bedeutung ist, ist es ebenso wichtig, die deutlichen Unterschiede zwischen Management und Führung anzuerkennen. Wird dies versäumt, wird nicht nur das Verständnis dieser Begriffe verwirrt, sondern es hat auch praktische Konsequenzen, die die Leistung einer Organisation auf vielfältige Weise beeinträchtigen können.

In diesem Kapitel liegt unser Hauptaugenmerk auf diesen Unterschieden. Wir werden untersuchen, warum ein differenziertes Verständnis der Unterschiede zwischen Management und Führung mehr als eine akademische Übung ist - es ist ein praktisches Muss für jeden, der sowohl persönlichen als auch beruflichen Erfolg anstrebt. Anhand von Beispielen aus der Praxis werden wir veranschaulichen, wie sich eine falsche Auslegung oder Anwendung dieser Begriffe auf das gesamte Unternehmen auswirken kann - vom Engagement und der Moral der Mitarbeiter bis hin zur strategischen Umsetzung und betrieblichen Effizienz.

Wir werden auch erörtern, wie sich diese Konzepte grundlegend in ihrer Herangehensweise an Aufgaben, Menschen und Ziele unterscheiden. Während Manager beispielsweise eher prozessorientiert sind und sich auf Kennzahlen und Zeitvorgaben konzentrieren, geht es bei Führungskräften oft darum, ihre

Teammitglieder zu einer gemeinsamen Vision zu inspirieren. Diese Unterschiede, ob subtil oder offenkundig, können die Taktiken und Strategien von Organisationen beeinflussen, was sich auf ihre Wettbewerbsfähigkeit, Anpassungsfähigkeit und letztlich ihre langfristige Nachhaltigkeit auswirkt.

Dieses Kapitel bietet Ihnen eine Anleitung, wie Sie die unterschiedlichen Aspekte dieser beiden Rollen miteinander in Einklang bringen können, und soll Ihnen die Erkenntnisse und Instrumente an die Hand geben, die Sie benötigen, um ein Arbeitsumfeld zu schaffen, das nicht nur eine Kultur der Verantwortlichkeit und Effizienz, sondern auch eine Kultur der Inspiration und kontinuierlichen Verbesserung fördert.

Wenn wir uns mit diesem komplexen, aber faszinierenden Thema befassen, werden Sie feststellen, dass es ebenso wichtig ist zu verstehen, wo Management und Führung auseinanderklaffen, wie zu wissen, wo sie sich überschneiden. Dieses nuancierte Verständnis bildet die Grundlage für eine wirklich effektive Unternehmensstrategie.

Warum das richtige Verständnis und die korrekte Anwendung wichtig sind

In jeder Organisation, die Spitzenleistungen anstrebt, steht viel auf dem Spiel, wenn die Rollen von Management und Führung falsch verstanden werden. Beginnen wir mit der strategischen Bedeutung des Einsatzes des richtigen Ansatzes zur richtigen Zeit. Manager und Führungskräfte tragen beide zum Erfolg einer Organisation bei, aber auf unterschiedliche Weise. Führungskräfte zeichnen sich in Situationen aus, die Stabilität und Effizienz erfordern. Ihre Rolle ist unverzichtbar, wenn es darum geht, eine klar definierte Strategie umzusetzen, Prozesse zu optimieren und sicherzustellen, dass alle in die gleiche Richtung rudern. Andererseits glänzen Führungspersönlichkeiten, wenn eine Organisation in unbekannten Gewässern navigiert, ihre Strategie neu ausrichten muss oder einen kulturellen Wandel durchläuft. Die Anwendung einer Managermentalität auf eine Situation, in der Führung gefragt ist - oder umgekehrt - kann den Fortschritt aufhalten und die Effektivität beeinträchtigen.

Ein weiterer wichtiger Aspekt, den es zu berücksichtigen gilt, sind die Auswirkungen auf die Unternehmenskultur und das Engagement der Mitarbeiter. Ein Managementansatz, der sich ausschließlich auf Aufgaben und Prozesse konzentriert und dabei die Bedeutung menschlicher Emotionen und Motivationen vernachlässigt, kann zu einer toxischen Arbeitskultur führen. Die Mitarbeiter erledigen zwar die ihnen zugewiesenen Aufgaben, tun dies aber wahrscheinlich ohne Enthusiasmus und Kreativität, die für Innovation und langfristigen Erfolg oft unerlässlich sind. Umgekehrt kann ein allzu visionärer Führungsstil, der die alltäglichen betrieblichen Aspekte vernachlässigt, zu einem Mangel an Konzentration und Verantwortlichkeit führen, so dass schöne Ideen nie in die Tat umgesetzt werden können.

Die betriebliche Effizienz ist ein weiterer Bereich, der durch die richtige oder falsche Anwendung von Management- und Führungsprinzipien erheblich beeinflusst werden kann. Manager sind in der Regel für die Rationalisierung von Abläufen, die Verringerung von Verschwendung und die Sicherstellung einer optimalen Nutzung von Ressourcen verantwortlich. Wenn sich der Schwerpunkt zu sehr auf visionäre Führung ohne den Ausgleich durch effektives Management verlagert, kann die betriebliche Effizienz leiden. Aufgaben können unerledigt bleiben, Fristen werden nicht eingehalten und Ressourcen werden verschwendet.

Zusammenfassend lässt sich sagen, dass die Frage, wann Managementfähigkeiten und wann Führungsqualitäten eingesetzt werden sollten, nicht nur eine theoretische Debatte ist, sondern eine praktische Notwendigkeit mit Auswirkungen auf die Praxis. Es wirkt sich auf alles aus, von der Umsetzung Ihrer strategischen Initiativen bis hin zur täglichen Moral und dem Engagement Ihrer

Mitarbeiter, bis hin zu Ihrem Endergebnis. Wenn Sie es richtig machen, können Sie sich auf den Weg zum Erfolg machen, wenn Sie es falsch machen, können Sie vom Kurs abkommen, manchmal mit schlimmen Folgen.

Die Folgen einer falschen Auslegung oder Anwendung der Konzepte

Die Folgen einer falschen Auslegung oder Anwendung von Management- und Führungskonzepten können weitreichend sein und sich in einer Vielzahl von nachteiligen Aspekten innerhalb einer Organisation manifestieren. Diese Fallstricke sind nicht nur theoretischer Natur, sondern wurden in realen Szenarien beobachtet, die die Notwendigkeit eines klaren Verständnisses und einer angemessenen Anwendung unterstreichen.

Nehmen wir zum Beispiel eine Fallstudie über ein Technologie-Startup, bei dem Führungsqualitäten gegenüber soliden Managementprinzipien den Vorrang hatten. Der charismatische CEO konnte zwar das Team inspirieren und Investoren mit einer überzeugenden Vision anlocken, aber das fehlende operative Fachwissen führte zu verpassten Terminen, zu hohen Ausgaben und schließlich dazu, dass das Unternehmen kein brauchbares Produkt liefern konnte. Das Startup verlor Geld und Talente, was schließlich zu seinem Zusammenbruch führte.

Ein weiteres anschauliches Beispiel stammt aus dem Gesundheitswesen, wo sich ein Krankenhausverwalter, der zwar über ein hohes Maß an Management-, aber nicht an Führungskompetenz verfügte, zu sehr auf Kostensenkungsmaßnahmen konzentrierte. Zwar wurden betriebliche Effizienzsteigerungen erzielt, aber die unerbittliche Konzentration auf den Gewinn untergrub die Moral des Personals und beeinträchtigte die Patientenversorgung, was dem Ruf des Krankenhauses schadete und zu einem Rückgang der Patientenzahlen führte.

In beiden Fällen führte das Fehlen eines ausgewogenen Ansatzes, der sowohl das Management als auch die Führung einbezieht, zu erheblichen Rückschlägen. Das Technologie-Startup litt unter betrieblichen Ineffizienzen, und das Krankenhaus hatte mit einer schlechten Arbeitsmoral seiner Mitarbeiter zu kämpfen. Beide Organisationen sahen sich mit einer Verschlechterung ihres Ansehens konfrontiert, was sich wiederum auf ihre langfristigen Erfolgsaussichten auswirkte.

Die Folgen können jedoch über betriebliche Ineffizienzen und die Arbeitsmoral der Mitarbeiter hinausgehen. Im Extremfall kann ein unzureichendes Gleichgewicht zwischen Management und Führung sogar zum Scheitern der Organisation führen. Unternehmen, die ohne geschickte Führung durch eine Krise navigieren, werden sich möglicherweise nie wieder erholen, während Organisationen, denen es an einem effektiven Management mangelt, sich mit banalen, aber entscheidenden Details herumschlagen müssen, was zu einem finanziellen Niedergang und schließlich zum Konkurs führen kann.

Die unsachgemäße Anwendung oder das falsche Verständnis von Management- und Führungskonzepten kann ein kostspieliger Fehler sein, der sowohl die unmittelbaren als auch die langfristigen Ziele untergräbt. Er kann zu einer Reihe von Problemen führen, von betrieblicher Ineffizienz und finanziellen Verlusten bis hin zu schlechtem Engagement der Mitarbeiter, niedriger Moral und Rufschädigung. Im schlimmsten Fall kann es sogar zum Untergang des Unternehmens selbst führen. Ein differenziertes Verständnis dieser Begriffe ist daher nicht nur akademischer Natur, sondern eine unternehmerische Notwendigkeit, die erhebliche Auswirkungen auf den Erfolg oder Misserfolg eines Unternehmens hat.

Hauptunterschiede zwischen Management und Führung

Die grundlegenden Unterschiede zwischen Management und Führung sind zwar subtil, haben aber erhebliche Auswirkungen auf die Arbeitsweise und den Erfolg von Organisationen. Obwohl beide für eine gut funktionierende Organisation unerlässlich sind, dienen sie unterschiedlichen Zwecken und erfordern unterschiedliche Fähigkeiten.

Im Kern geht es beim Management darum, Ordnung und Konsistenz zu schaffen. Manager zeichnen sich dadurch aus, dass sie eine Vision umsetzen, Mitarbeiter und Ressourcen auf die Erreichung von Zielen ausrichten und Systeme zur Erfolgsmessung einrichten. Sie sind diejenigen, die dafür sorgen, dass nach der Entscheidung für ein bestimmtes Vorgehen alle Teile an ihrem Platz sind, um es zu verwirklichen. Wenn sie eine Panne im System oder ein Hindernis auf dem Weg sehen, suchen sie nach praktischen Möglichkeiten, es zu beseitigen.

Im Gegensatz dazu geht es bei der Führung darum, die Weichen überhaupt erst einmal zu stellen. Führungspersönlichkeiten schauen nicht nur auf das Wie, sondern auch auf das Warum. Sie inspirieren und motivieren die Menschen, wecken ihre Emotionen und greifen ihre Wünsche auf. Führungspersönlichkeiten stellen oft den Status quo in Frage und streben nach Veränderung und einer neuen Richtung. Sie lösen nicht nur Probleme, sondern finden oft heraus, welche Probleme es überhaupt wert sind, gelöst zu werden.

Um diese Unterschiede zu verdeutlichen, betrachten wir ein reales Szenario aus dem Unternehmensumfeld. Stellen Sie sich ein Unternehmen vor, das mit rückläufigen Umsätzen konfrontiert ist. Ein Manager in dieser Situation würde sich die bestehende Vertriebsstrategie ansehen, Ineffizienzen ermitteln, Ressourcen neu zuweisen und neue Leistungskennzahlen einführen, um den Rückgang umzukehren. Er würde daran arbeiten, den bestehenden Verkaufstrichter zu optimieren und sich dabei auf unmittelbare

Probleme wie Kundenakquisitionskosten und Konversionsraten konzentrieren.

Eine Führungskraft hingegen könnte das Problem anders angehen. Sie könnte in Frage stellen, ob das Unternehmen die richtigen Kundensegmente anspricht oder ob sogar das Produkt selbst überarbeitet werden muss. Sie könnten ein radikales Überdenken des Wertangebots des Unternehmens vorschlagen oder den Eintritt in einen völlig neuen Markt erwägen. Die Führungskraft würde überlegen, ob der Umsatzrückgang ein Symptom für ein tieferes Problem ist, das eine Änderung der strategischen Ausrichtung des Unternehmens erfordert.

In einer idealen Welt ergänzen sich diese beiden Ansätze. Die Führungspersönlichkeit gibt die Vision vor und zeigt neue Wege für das Wachstum auf, während der Manager diese Vision umsetzt, indem er das Team und die Ressourcen entsprechend ausrichtet.

Obwohl beide Rollen von entscheidender Bedeutung sind, unterscheiden sie sich in ihrem Wesen. Beim Management geht es oft darum, mit Komplexität umzugehen, viele bewegliche Teile zu verstehen und sicherzustellen, dass sie zusammenpassen, um ein Ziel zu erreichen. Bei der Führung geht es darum, mit Veränderungen umzugehen, eine Richtung vorzugeben, die Mitarbeiter darauf auszurichten und sie zu motivieren, Hindernisse zu überwinden. Das Verständnis dieser wesentlichen Unterschiede ist für jedes Unternehmen, das in der heutigen komplexen und sich schnell verändernden Geschäftswelt erfolgreich sein will, von entscheidender Bedeutung.

Situative Faktoren können beeinflussen, ob Management oder Führung angemessener ist.

Die Rolle des Kontexts bei der Bestimmung der Angemessenheit von Management oder Führung kann gar nicht hoch genug eingeschätzt werden. Wir haben zwar die wichtigsten Merkmale erörtert, die Manager von Führungskräften unterscheiden, aber es ist wichtig zu erkennen, dass diese Rollen nicht statisch sind und je nach einer Vielzahl von Faktoren wie Unternehmenskultur, Geschäftsphase, Marktbedingungen und sogar individuellen Projekteigenschaften variieren können.

In einem neu gegründeten Unternehmen könnten beispielsweise Führungsqualitäten im Vordergrund stehen, während das Unternehmen daran arbeitet, seine Marktpräsenz zu etablieren. Der Schwerpunkt könnte auf Visionen, Anpassungsfähigkeit und Agilität liegen - Eigenschaften, die oft mit einer starken Führung in Verbindung gebracht werden. Im Gegensatz dazu könnte ein etabliertes Unternehmen, das auf einem stabilen Markt tätig ist, den Schwerpunkt auf Managementfähigkeiten legen, um bestehende Prozesse zu optimieren, die Ordnung aufrechtzuerhalten und den Marktanteil allmählich auszubauen.

Selbst innerhalb ein und derselben Organisation können verschiedene Situationen unterschiedliche Vorgehensweisen erforderlich machen. In einer Krise beispielsweise ist oft eine starke Führungspersönlichkeit erforderlich, um die Organisation durch die Ungewissheit zu navigieren und einen neuen Kurs zu setzen. Ist die Richtung jedoch einmal vorgegeben, sind ausgezeichnete Managementfähigkeiten entscheidend, um die neue Strategie effizient umzusetzen, die Ressourcen zu bündeln und die Details der Umsetzung zu beaufsichtigen.

Es ist auch erwähnenswert, dass manche Personen zwar von Natur aus mehr für das Management oder die Führung geeignet sind, dass aber situationsbedingte Faktoren sie dazu zwingen können, sich anzupassen und in die jeweils andere Rolle hineinzuwachsen. Eine Führungskraft, die auf eine C-Level-Position befördert wird, muss vielleicht einen visionäreren Stil annehmen, auch wenn sie sich in den Details und der Ausführung am wohlsten fühlt. Ebenso kann es sein, dass sich eine Führungskraft bei der Umsetzung eines neuen strategischen Plans in die Einzelheiten vertiefen muss, was einen Managementfokus erfordert, den sie normalerweise nicht ausgeübt hat.

Der Ruf nach Management oder Führung ist keine Einheitsentscheidung, sondern eine situationsbedingte Entscheidung. Wenn Sie den Kontext, in dem Sie tätig sind, verstehen, können Sie entscheiden, auf welche Fähigkeiten Sie sich stützen wollen, oder ob ein ausgewogener Ansatz angemessener ist. Diese Anpassungsfähigkeit, die auf einem Verständnis der einzigartigen Anforderungen jeder Situation beruht, ist oft das Markenzeichen der effektivsten Führungskräfte und Manager.
Die Balance finden

Manchmal gleicht das Gleichgewicht zwischen Management und Führung einer Gratwanderung. Eine zu starke Betonung des einen gegenüber dem anderen kann zu organisatorischen Unzulänglichkeiten führen - sei es ein Mangel an Vision und Anpassungsfähigkeit oder betriebliche Ineffizienz. Die goldene Mitte zu finden, kann jedoch sowohl die individuelle als auch die organisatorische Leistung erheblich verbessern. Im Folgenden finden Sie einige Tipps und Empfehlungen für Fachkräfte und Organisationen, die dieses wichtige Gleichgewicht effektiv herstellen wollen.

Erstens ist die Selbsteinschätzung entscheidend. Fachkräfte sollten sich die Zeit nehmen, ihre natürlichen Neigungen zu verstehen. Fühlen Sie sich bei der Planung und Ausführung wohler, oder haben Sie Freude daran, neue Möglichkeiten zu erdenken und andere zu inspirieren? Wenn Sie Ihre Stärken und Schwächen in beiden Bereichen kennen, können Sie feststellen, woran Sie arbeiten müssen, um ein vielseitiger Fachmann zu werden.

Kontinuierliches Lernen ist ein weiterer wichtiger Aspekt. Die Geschäftswelt verändert sich ständig, und was gestern noch funktionierte, ist morgen vielleicht nicht mehr effektiv. Halten Sie sich über die neuesten Trends und Theorien im Bereich Management und Führung auf dem Laufenden. Besuchen Sie Kurse, lesen Sie viel und zögern Sie nicht, aus Ihrer Komfortzone herauszutreten, um neue Fähigkeiten zu erwerben.

Wichtig ist auch der Bedarf an emotionaler Intelligenz. Sowohl Manager als auch Führungskräfte benötigen ein hohes Maß an emotionaler Intelligenz, um sich in der Komplexität des menschlichen Verhaltens zurechtzufinden. Wenn Sie sich Ihrer eigenen Emotionen und der Ihres Teams bewusst sind, können Sie entscheiden, wann Sie eine Führungsposition einnehmen und wann Sie inspirieren und führen sollten.

Fördern Sie die übergreifende Ausbildung innerhalb Ihrer Organisation. Erlauben Sie Ihren Managern, sich an der Entwicklung von Visionen zu beteiligen, und geben Sie Ihren Führungskräften Gelegenheit, sich mit den praktischen Aspekten der Umsetzung zu befassen. Dies bereichert nicht nur die Fähigkeiten beider Seiten, sondern fördert auch eine Kultur des gegenseitigen Respekts und Verständnisses.

Denken Sie daran, dass Ausgewogenheit keine einmalige Sache ist, sondern ein ständiger Prozess. Überprüfen Sie Ihren Ansatz regelmäßig und seien Sie bereit, sich an veränderte Umstände anzupassen. Ganz gleich, ob es sich um eine Verschiebung der Unternehmensziele, eine Veränderung der Teamdynamik oder eine neue externe Herausforderung handelt, seien Sie bereit, Ihr Gleichgewicht zwischen Management und Führung neu zu bewerten und zu kalibrieren.

Auch Organisationen müssen ein Umfeld schaffen, in dem sich sowohl Management als auch Führung entfalten können. Dies kann durch Schulungsprogramme, Mentorenprogramme und die

Festlegung klarer Erwartungen an die Rollen und Verantwortlichkeiten, die mit den verschiedenen Positionen verbunden sind, erreicht werden.

Ein effektives Gleichgewicht zwischen Management und Führung erfordert einen ständigen Kreislauf von Selbsteinschätzung, Lernen, Anpassung und Neubewertung. Sowohl der Einzelne als auch die Organisation können von diesem ausgewogenen Ansatz enorm profitieren, indem sie Vorteile in Bezug auf die betriebliche Effizienz, das Engagement der Mitarbeiter und die Fähigkeit zur Innovation und Anpassung erzielen.

Kapitel 6: Der Übergang vom Management zur Führungskraft

Die Entwicklung vom Manager zur Führungskraft wird oft als natürlicher Karriereschritt angesehen, aber es ist weit mehr als nur ein Titelwechsel oder ein neues Aufgabengebiet. Es ist ein grundlegender Wandel in der Art und Weise, wie Sie Ihre Rolle innerhalb eines Unternehmens, Ihr Team und sogar sich selbst betrachten. Dieses Kapitel soll Ihnen als Wegweiser für diesen entscheidenden Karrierewechsel dienen. Bei der Erkundung dieser transformativen Reise lernen Sie nicht nur, was Führung von Management unterscheidet, sondern entdecken auch die Werkzeuge, die Denkweise und die Strategien, die für eine erfolgreiche Entwicklung erforderlich sind.

Das Verständnis dieses Wandels ist aus mehreren Gründen entscheidend. Erstens wird mit dem Wachstum von Unternehmen und der Anpassung an das sich rasch verändernde Geschäftsumfeld der Bedarf an effektiver Führung immer deutlicher. Manager sind aufgrund ihrer Erfahrung und ihrer nachgewiesenen Fähigkeiten in der Organisation oft die ersten in der Reihe für diese Führungsaufgaben. Aber ein guter Manager zu sein, macht einen nicht automatisch zu einer guten Führungskraft. Dieses Kapitel befasst sich mit der Frage, was sich ändern muss, was man lernen muss und wie man die üblichen Hindernisse überwindet, die diesen Übergang erschweren.

Zweitens macht die persönliche Karriereentwicklung diese Entwicklung oft notwendig. Wenn Sie auf der Karriereleiter aufsteigen, müssen die Fähigkeiten, die Sie zu einer hervorragenden Führungskraft gemacht haben, möglicherweise durch Führungsqualitäten ergänzt werden, die Sie bisher noch nicht entwickeln mussten. Wie können Sie diesen Wechsel vollziehen, ohne das Wesentliche zu verlieren, was Sie ursprünglich erfolgreich gemacht hat? Wir werden diese Frage umfassend behandeln und Ihnen praktische Ratschläge und Beispiele aus der Praxis an die Hand geben.

Und schließlich profitieren Organisationen insgesamt, wenn ihre Manager nahtlos in Führungspositionen übergehen können. Dadurch wird eine Kultur des internen Wachstums und der Stabilität gefördert, die für den langfristigen Erfolg entscheidend ist.

Ob Sie nun eine aufstrebende Führungskraft oder ein an der Talententwicklung interessierter Unternehmensvertreter sind, dieses Kapitel bietet entscheidende Einblicke. Es zielt darauf ab, den Übergang zu entmystifizieren, indem es eine Mischung aus theoretischem Verständnis, praktischen Ratschlägen und Fallstudien bietet, die die Wege derer aufzeigen, die den Sprung erfolgreich geschafft haben. Am Ende dieses Kapitels sollten Sie über einen soliden Rahmen verfügen, der Ihnen den Übergang von einem fähigen Manager zu einer inspirierenden Führungskraft erleichtert.

Die natürliche Progression: Warum Manager oft zu Führungskräften werden

In der hierarchischen Struktur der meisten Unternehmen ist es nicht verwunderlich, dass Führungspositionen häufig als Sprungbrett für Führungsaufgaben angesehen werden. Manager sind aufgrund ihrer Zuständigkeiten mit den Abläufen in ihrem Team und ihrer Abteilung bestens vertraut, einschließlich der Herausforderungen, Fähigkeiten und der Erreichung bestimmter Ziele. Diese intime Kenntnis der organisatorischen Abläufe und des Personals macht sie zu idealen Kandidaten für Positionen, die einen umfassenderen Überblick und eine strategische Vision erfordern - Eigenschaften, die üblicherweise mit einer Führungsposition verbunden sind.

Je höher man in der Organisation aufsteigt, desto größer wird in der Regel der Einfluss- und Entscheidungsspielraum. Zu Beginn einer Karriere liegt der Schwerpunkt oft auf technischen und aufgabenbezogenen Aspekten. Können Sie effizient programmieren? Können Sie Verkäufe abschließen? Können Sie ein Projekt innerhalb des vorgegebenen Zeit- und Budgetrahmens managen? Wenn Sie jedoch in Führungspositionen aufsteigen, verlagert sich der Schwerpunkt auf die Beaufsichtigung anderer, die diese Aufgaben erledigen. Sie werden nicht nur nach Ihrer individuellen Leistung beurteilt, sondern auch nach Ihrer Fähigkeit, dafür zu sorgen, dass Ihr Team effektiv, kohärent und motiviert ist. Im Grunde beginnen Sie den Übergang von einem "Macher" zu einem "Ermöglicher".

Wenn Sie noch höher aufsteigen, insbesondere in Führungspositionen, ändern sich die Fragen, die an Sie gestellt werden, noch einmal. Jetzt geht es um die Festlegung von Richtung und Strategie. Können Sie eine ganze Abteilung oder sogar ein ganzes Unternehmen dazu inspirieren, sich für eine bestimmte Vision oder ein bestimmtes Ziel einzusetzen? Es steht mehr auf dem Spiel, die Auswirkungen sind umfassender und die erforderlichen Fähigkeiten sind komplexer. Führungsqualitäten sind nicht nur nützlich, sondern entscheidend.

Auch emotionale Intelligenz, strategischer Weitblick und die Fähigkeit, mit Unklarheiten umzugehen, werden immer wichtiger - Eigenschaften, die eher der Führung als dem Management zuzuordnen sind. Mit zunehmender Verantwortung steigt auch die Komplexität und Unvorhersehbarkeit der Herausforderungen. Die Bewältigung dieser Herausforderungen erfordert oft nicht nur die Fähigkeit, Prozesse zu überwachen, sondern auch, eine gemeinsame Vision zu inspirieren, sich an komplexen Problemlösungen zu beteiligen und Menschen auf eine Reise der Veränderung mitzunehmen.

Es geht also nicht nur darum, dass Führungsaufgaben ein Sprungbrett für die Übernahme von Führungsaufgaben sind, sondern darum, dass sich die Fähigkeiten, die Denkweise und sogar die Art der Herausforderungen auf natürliche Weise in einer Weise entwickeln, die eine zunehmende Konzentration auf die Führungsfähigkeiten erfordert. Aus diesem Grund ist das Verständnis der komplizierten Beziehung zwischen Management und Führung so entscheidend für die berufliche Entwicklung und den Erfolg eines Unternehmens.

Qualifikationen: Was sich ändern muss

Der Weg vom Management zur Führungskraft ist nicht nur ein Wechsel des Titels oder eine Erweiterung der Verantwortlichkeiten, sondern ein Transformationsprozess, der persönliches Wachstum, Lernen und den Erwerb von Fähigkeiten erfordert. Während Managementfähigkeiten eine solide Grundlage bilden, müssen angehende Führungskräfte zusätzliche Fähigkeiten entwickeln, um die komplexen Aufgaben, die mit einer Führungsrolle verbunden sind, zu bewältigen.

Viele der Fähigkeiten, die man während seiner Laufbahn als Führungskraft erworben hat, sind beim Übergang in eine Führungsposition von großem Nutzen. Effektive Kommunikation ist zum Beispiel in beiden Rollen von entscheidender Bedeutung. Manager müssen Aufgaben klar formulieren, konstruktives Feedback geben und die Verbindung zwischen ihrem Team und der oberen Führungsebene herstellen. Als Führungskraft können Sie Ihr Team, Ihre Interessengruppen und manchmal sogar die Öffentlichkeit beeinflussen und inspirieren.

Auch die Fähigkeit, Probleme zu lösen, ist in beiden Rollen unverzichtbar. Manager nutzen diese Fähigkeit häufig, um Prozesse zu optimieren, Ressourcen zuzuweisen und alltägliche Herausforderungen zu bewältigen. Führungskräfte werden jedoch feststellen, dass die Probleme, mit denen sie konfrontiert werden, abstrakter, komplexer und weitreichender sind. Daher werden die in den Jahren des Managements erworbenen Problemlösungsfähigkeiten den Führungskräften auch weiterhin dienen, allerdings in einem eher strategischen Kontext.

Die oben genannten Fähigkeiten sind zwar von Vorteil, reichen aber für eine effektive Führung allein nicht aus. Eine der wichtigsten Fähigkeiten, über die eine Führungskraft verfügen muss und die ein Manager vielleicht nicht in gleichem Maße benötigt, ist die Vision - die Fähigkeit, das "große Ganze" zu sehen und die Organisation darauf auszurichten. Eine Vision schafft die Voraussetzungen für Innovation, Inspiration und strategische Vorausplanung.

Emotionale Intelligenz ist eine weitere wichtige Fähigkeit, die fein abgestimmt werden muss. Während Manager ein Grundmaß an Einfühlungsvermögen und sozialer Kompetenz benötigen, müssen Führungskräfte in diesen Bereichen überdurchschnittlich gut sein. Sie sollten in der Lage sein, den Raum zu lesen, die Motivationen ihres Teams zu verstehen und ein Umfeld zu schaffen, in dem sich die Mitarbeiter wertgeschätzt und inspiriert fühlen.

Risikobereitschaft und Entscheidungsfindung erhalten in der Führung ebenfalls eine neue Dimension. Manager treffen Entscheidungen, aber oft innerhalb des von ihren Vorgesetzten vorgegebenen Rahmens. Führungskräfte müssen Entscheidungen treffen, die den Kurs der gesamten Organisation verändern könnten, und das oft mit unvollständigen Informationen und einem hohen Maß an Unsicherheit. Der Mut, solche Entscheidungen zu treffen und die Verantwortung dafür zu übernehmen, ist eine Fähigkeit, die kultiviert werden muss.

Resilienz und Anpassungsfähigkeit sind wichtige Führungseigenschaften. Im Gegensatz zu Führungsaufgaben, bei denen Prozesse und Richtlinien ein gewisses Maß an Vorhersehbarkeit bieten, müssen Führungskräfte oft durch unbekannte Gewässer navigieren. Belastbarkeit angesichts von Herausforderungen und Anpassungsfähigkeit, wenn sich die Bedingungen ändern, sind unerlässlich, um in einer Führungsposition nicht nur zu überleben, sondern zu gedeihen.

Der Übergang vom Management zur Führung ist weniger ein Sprung als vielmehr eine Entwicklung, die sowohl die Verfeinerung bestehender als auch den Erwerb neuer Fähigkeiten erfordert. Es ist eine komplexe, aber lohnende Reise, die persönliches Wachstum und die Möglichkeit verspricht, einen nachhaltigen Einfluss auf Ihr Unternehmen auszuüben.

Veränderung der Denkweise: Von Kontrolle zu Ermächtigung

Eine der tiefgreifendsten Veränderungen beim Übergang von einer Management- zu einer Führungsposition ist der psychologische Wandel, der sich in der Art und Weise vollzieht, wie Sie Ihre Rolle und Ihre Aufgaben angehen. Diese Veränderung der Denkweise kann beunruhigend sein, ist aber entscheidend für den Erfolg in einer Führungsposition. Es geht darum, von einem Kontrollmodus zu einem Befähigungsmodus überzugehen und von einer Orientierung an Aufgaben zu einer Orientierung an Menschen und Visionen.

Als Manager liegt Ihr Hauptaugenmerk oft auf der Kontrolle - Sie müssen sicherstellen, dass Aufgaben rechtzeitig erledigt, Ressourcen effizient zugewiesen und Projekte innerhalb des Budgets bleiben. Die Führungskraft hat die Aufgabe, das Team oder die Abteilung zu überwachen und dafür zu sorgen, dass sie wie eine gut geölte Maschine läuft. Führung erfordert jedoch einen Übergang von der Kontrolle zur Befähigung. Anstatt nur Prozesse zu steuern und Aufgaben zu überwachen, haben Führungskräfte die Aufgabe, ihre Teams zu befähigen, eigenständig und innovativ zu arbeiten und sich an den übergeordneten Zielen des Unternehmens zu orientieren. Die Rolle der Führungskraft besteht darin, einen Rahmen zu schaffen, innerhalb dessen ihr Team

Höchstleistungen erbringen kann, und nicht darin, jeden Schritt des Teams zu überwachen.

Die Befähigung Ihres Teams erfordert Vertrauen und die Bereitschaft, einen Teil der Kontrolle, an die Sie als Manager gewöhnt waren, loszulassen. Sie müssen Ihr Team mit den Werkzeugen, dem Wissen und der Autonomie ausstatten, die es benötigt, um Probleme selbständig zu lösen. Auf diese Weise haben Sie nicht nur mehr Zeit für strategisches Denken, sondern schaffen auch ein Umfeld, in dem sich die Teammitglieder weiterentwickeln und übertreffen können.

Ein weiterer wichtiger Aspekt des Mentalitätswandels ist die Verlagerung des Schwerpunkts von Aufgaben auf Menschen und Visionen. Während Aufgaben unbestreitbar wichtig sind, erfordert Führung eine breitere Perspektive. Als Führungskraft sind Sie in erster Linie dafür verantwortlich, zu inspirieren und zu motivieren und die Voraussetzungen für Innovation und Kreativität zu schaffen. Sie sind der Hüter der Vision des Teams oder der Organisation und sorgen dafür, dass jede Handlung und jede Entscheidung auf dieses übergeordnete Ziel ausgerichtet ist.

Dieser Wandel kann eine Herausforderung sein, weil er mit immateriellen Werten verbunden ist, die schwer zu messen sind, im Gegensatz zu den konkreten Metriken, die oft im Management verwendet werden. Erfolg in der Führung wird oft am kollektiven Wachstum und an der Zufriedenheit des Teams gemessen, an der Innovation und den Verbesserungen, die sie einbringen, und daran, wie gut sie zur Erreichung langfristiger Ziele beitragen.

Daher ist der Wechsel von der Management- zur Führungsrolle viel mehr als nur eine Änderung der Stellenbeschreibung; es ist ein grundlegender Wandel, wie Sie Ihre Rolle und Ihr Team sehen. Sie werden von einem "Macher" zu einem "Führer", von einem Problemlöser zu einem Visionssetzer und von einem Aufgabenträger zu jemandem, der befähigt. Es ist eine transformative Erfahrung, die Ihren Horizont erweitert und es Ihnen ermöglicht, einen weitreichenden Einfluss auf Ihr Unternehmen auszuüben.

Vorbereitungen für den Übergang

Der Sprung von einer leitenden Funktion in eine Führungsposition ist ein gewaltiger Karriereschritt, der sowohl mit Herausforderungen als auch mit Chancen verbunden ist. Daher ist es wichtig, sich angemessen auf diesen Übergang vorzubereiten. Ein durchdachter Ansatz kann den Wechsel erheblich erleichtern und sicherstellen, dass Sie nicht nur auf neue Herausforderungen reagieren, sondern strategisch darauf vorbereitet sind, diese effektiv zu bewältigen. Im Folgenden finden Sie einige Möglichkeiten zur Vorbereitung auf diesen wichtigen Karriereschritt.

Eine der wertvollsten Ressourcen für jeden, der in eine Führungsrolle wechseln möchte, ist die Anleitung durch einen Mentor. Ein Mentor, der diesen Weg bereits erfolgreich beschritten hat, kann unschätzbare Einblicke in das geben, was zu erwarten ist, und wie man sich am besten auf die Herausforderungen, die mit einer Führungsposition einhergehen, vorbereitet und damit umgeht. Bei einem Mentor geht es nicht nur darum, jemanden um Rat zu fragen, sondern auch darum, von dessen Erfahrung zu lernen, die Feinheiten der Führungsarbeit zu verstehen und sogar einen Resonanzboden für Ihre Ideen und Pläne zu bekommen. Ein guter Mentor kann Ihnen helfen, häufige Fallstricke zu vermeiden, und Ihnen Weisheiten vermitteln, für die Sie allein Jahre brauchen würden.

Es gibt eine Fülle von Schulungsprogrammen, die speziell auf die Entwicklung von Führungskompetenzen ausgerichtet sind und von Workshops und Seminaren bis hin zu umfassenden Kursen für Führungskräfte reichen. Diese strukturierten Lernumgebungen können Ihnen wichtige Fähigkeiten vermitteln, von strategischem Denken bis hin zu emotionaler Intelligenz, die für eine erfolgreiche Führung entscheidend sind. Ein spezielles Trainingsprogramm kann auch eine gute Gelegenheit zum Networking sein, bei der Sie andere aufstrebende Führungskräfte treffen und von ihnen lernen können. Ein Schulungsprogramm erfordert zwar eine Investition von Zeit und Ressourcen, kann sich aber auf lange Sicht auszahlen.

Selbstgesteuertes Lernen ist eine weitere unverzichtbare Komponente bei der Vorbereitung auf eine Führungsrolle. Die effektivsten Führungskräfte sind oft diejenigen, die sich ihrer selbst bewusst sind und ständig versuchen, sich zu verbessern und anzupassen. Bücher, wissenschaftliche Abhandlungen, Online-Kurse und sogar Podcasts zum Thema Führung können eine Fülle von Informationen bieten. Machen Sie es sich zur Gewohnheit, ständig zu lernen und sich über die neuesten Trends und Theorien im Bereich der Führung auf dem Laufenden zu halten. Das Nachdenken über diese Ressourcen kann Ihnen helfen, die Art von Führungskraft zu verinnerlichen, die Sie anstreben, und die Schritte zu planen, die Sie dorthin führen.

Der Übergang vom Management zur Führung ist nicht nur ein Karriereschritt, sondern auch eine persönliche Reise, die eine sorgfältige Vorbereitung erfordert. Durch Mentoring, Schulungsprogramme und Selbststudium können Sie sich mit den Werkzeugen, Perspektiven und dem Wissen ausstatten, das Sie für eine effektive Führung benötigen. Dieser vielseitige Ansatz stellt sicher, dass Sie nicht nur eine Führungsrolle übernehmen, sondern in jeder Hinsicht zu einer Führungskraft heranwachsen.

Hindernisse beim Übergang und ihre Überwindung

Der Weg vom Manager zur Führungskraft kann ein kurvenreicher Weg sein, der mit Hindernissen gespickt ist, von denen viele nicht sofort ersichtlich sind. Diese Hindernisse können auf eingefahrene Gewohnheiten, die Unternehmenskultur oder sogar auf die Angst vor dem Schritt ins Unbekannte zurückzuführen sein. Diese

Herausforderungen zu erkennen und zu verstehen ist der erste Schritt, um sie zu überwinden.

Eines der häufigsten Hindernisse, mit denen sich Manager konfrontiert sehen, wenn sie eine Führungsposition anstreben, ist die Beschränkung durch ihre eigene Denkweise. Manager konzentrieren sich oft auf Aufgaben, Ergebnisse und Zeitvorgaben. Diese Fokussierung ist zwar in einer Führungsposition effektiv, kann aber die Fähigkeit einschränken, Teams zu inspirieren, Innovationen zu fördern und strategisch zu denken. Um dieses Hindernis zu überwinden, muss man seinen Fokus bewusst von den unmittelbaren Aufgaben auf die umfassenderen Ziele und Visionen der Organisation verlagern. Das bedeutet nicht, dass man die Aufmerksamkeit für Details aufgibt, sondern dass man seinen Bewusstseins- und Planungsspielraum erweitert.

Ein weiteres häufiges Problem ist der organisatorische Widerstand. In vielen Unternehmen herrscht eine tief verwurzelte Kultur, die die Rollen strikt voneinander abgrenzt und es Managern schwer macht, sich zu Führungskräften zu entwickeln. Diesem Problem kann begegnet werden, indem man sich innerhalb der Organisation für Veränderungen einsetzt und mit offenen Gesprächen über den Wert flexibler Rollen und fließender Übergänge zwischen Management und Führung beginnt. Die Suche nach Verbündeten innerhalb des Unternehmens und sogar die Suche nach externen Fallstudien, die die Wirksamkeit solcher Übergänge belegen, können Ihre Argumente noch überzeugender machen.

Ein Mangel an Selbstvertrauen kann potenzielle Führungskräfte oft zurückhalten. Die Angst vor dem Scheitern kann lähmend wirken, vor allem wenn man sich in unbekannte Gebiete der Führung wagt. Um dem entgegenzuwirken, kann es von Vorteil sein, sich selbst zu reflektieren und vielleicht ein Tagebuch zu führen, in dem man seine Fortschritte, Bedenken und Hindernisse festhält. Selbstbestätigung und positive Visualisierung können ebenfalls viel zur Stärkung des Selbstvertrauens beitragen.

Um diese Herausforderungen zu bewältigen, sollten proaktive Maßnahmen ergriffen werden. Kontinuierliches Lernen, die Suche nach Mentoren und sogar eine formale Führungsschulung können die notwendigen Fähigkeiten und Einsichten vermitteln, um den Übergang erfolgreich zu gestalten. Außerdem ist es wichtig, sich in Belastbarkeit und Anpassungsfähigkeit zu üben, denn die Reise wird unweigerlich unvorhergesehene Herausforderungen mit sich bringen, die schnelles Denken und agile Problemlösungen erfordern.

Die Hindernisse beim Übergang vom Management zur Führung sind zahlreich, aber nicht unüberwindbar. Mit den richtigen Strategien lassen sich diese Herausforderungen nicht nur überwinden, sondern auch in Sprungbretter auf dem Weg zu einer effektiven Führungskraft verwandeln.

Fallstudien: Erfolgreiche Übergänge

Der Übergang vom Management zur Führung ist ein Prozess, der von vielen Personen in verschiedenen Sektoren und Branchen erfolgreich bewältigt wurde. Das Verständnis dieser Fälle aus der Praxis kann wertvolle Einblicke in die Voraussetzungen für einen reibungslosen und effektiven Übergang liefern.

Ein überzeugendes Beispiel ist Sheryl Sandberg, die ihre Karriere in verschiedenen Führungspositionen begann, unter anderem als Vice President of Global Online Sales and Operations bei Google. Als sie als Chief Operating Officer zu Facebook wechselte, änderte sich ihre Rolle erheblich. Sie war nicht mehr nur für das operative Geschäft zuständig, sondern wurde zu einer Vordenkerin, Autorin und Fürsprecherin für Frauen in der Technologiebranche. Sandbergs Übergang bestand nicht nur in der Leitung von Teams und Aufgaben, sondern auch darin, eine ganze Generation von Frauen zum "Lean In" zu inspirieren, wie es in ihrem Buch heißt. Einer der entscheidenden Faktoren für ihren erfolgreichen Übergang war ihre Fähigkeit, ihre Kommunikationsfähigkeiten von direkten Managementanweisungen auf das Erzählen von Geschichten und das Eintreten für die Interessen von Frauen zu übertragen - ein Markenzeichen wirkungsvoller Führung.

Ein weiteres bemerkenswertes Beispiel ist das von Satya Nadella bei Microsoft. Nadella war in verschiedenen Führungspositionen innerhalb des Unternehmens tätig, bevor er dessen CEO wurde. Als er die Zügel in die Hand nahm, legte er sofort eine neue Vision für Microsoft fest und betonte eine "Mobile-first, Cloud-first"-Welt. Bei seiner Führung ging es nicht nur um die Erhaltung des Status quo, sondern um die Umgestaltung eines ganzen Unternehmens, um der Zukunft gewachsen zu sein. Nadellas Fähigkeit zu strategischem Denken, die er in seinen Führungspositionen geschärft hatte, kam ihm bei der Festlegung eines neuen Weges für Microsoft zugute. Was jedoch seinen Übergang zu einer effektiven Führung wirklich kennzeichnete, war sein Fokus auf die Veränderung der Unternehmenskultur hin zu einer Kultur des Lernens und des Wachstums, ein klarer Wechsel vom reinen Management zur inspirierenden Führung.

Diese erfolgreichen Übergänge weisen gemeinsame Merkmale auf. Erstens waren beide Führungskräfte bereit zu lernen und unternahmen proaktive Schritte, um über ihre ursprünglichen Fähigkeiten hinauszuwachsen. Zweitens bewiesen sie eine ausgeprägte Fähigkeit, ihren Kommunikationsstil an ihre neue Rolle anzupassen, indem sie von einer direkten, aufgabenorientierten Kommunikation zu einem inspirierenden und visionären Dialog übergingen. Und schließlich zeigten beide die Bereitschaft, sich anzupassen und Veränderungen voranzutreiben, nicht nur in Bezug auf ihre Aufgaben, sondern auch in Bezug auf die breitere Kultur ihrer Organisationen. Diese Eigenschaften negierten nicht ihre Managementfähigkeiten, sondern bauten vielmehr darauf auf und bewiesen, dass Management und Führung in der Tat nebeneinander bestehen und sich sogar gegenseitig ergänzen können, wenn sie angemessen eingesetzt werden.

Führungsstile: Finden Sie Ihren eigenen

Beim Übergang von einer leitenden Funktion zu einer Führungsposition besteht eine der wichtigsten Veränderungen darin, einen Führungsstil anzunehmen, der nicht nur bei Ihnen, sondern auch bei denjenigen, die Sie führen möchten, auf Resonanz stößt. Führungsstil ist mehr als nur ein Schlagwort; er setzt sich zusammen aus der Art und Weise, wie Sie kommunizieren, motivieren, inspirieren und andere zum Erreichen gemeinsamer Ziele führen. Er umfasst Ihre Art der Problemlösung, Ihren Ansatz zur Konfliktlösung und die Art und Weise, wie Sie eine Teamkultur aufbauen.

Es gibt zahlreiche Führungsstile, von denen jeder seine eigenen Vorzüge und Schwächen hat. Wenn Sie diese kennen, können Sie denjenigen finden, der am besten zu Ihren persönlichen Werten und den Bedürfnissen Ihrer Organisation passt. Einige beliebte Führungsstile sind der autokratische, bei dem die Führungskraft die Kontrolle über alle Entscheidungen hat und nur wenig Input von den Teammitgliedern erhält; der demokratische, bei dem die Entscheidungsbefugnis verteilt ist und die Teammitglieder ermutigt werden, ihre Meinung mitzuteilen; der transformationale, der sich darauf konzentriert, Teams zu inspirieren und umzugestalten; und der transaktionale, der auf Belohnungen und Strafen setzt, um Teammitglieder zu motivieren.

Ihren Führungsstil zu finden, ist keine Frage der Auswahl aus einer Liste, sondern erfordert einen nuancierten Prozess der Selbstfindung und des externen Feedbacks. Beginnen Sie damit, über Ihre Interaktionen in verschiedenen beruflichen Umfeldern nachzudenken. Wie kommunizieren Sie von Natur aus? Was motiviert Sie und was scheint die Menschen um Sie herum zu motivieren? Wie reagieren Sie unter Stress? Diese Fragen können wertvolle Einblicke in Ihre natürlichen Neigungen geben.

Experimentieren ist eine weitere wichtige Komponente auf diesem Weg. Scheuen Sie sich nicht, verschiedene Stile an verschiedene Situationen anzupassen, um zu sehen, was am besten funktioniert. Sie könnten zum Beispiel feststellen, dass ein eher demokratischer Ansatz bei Brainstorming-Sitzungen effektiv ist, während ein eher autokratischer Stil erforderlich sein könnte, wenn schnelle Entscheidungen erforderlich sind.

Ermutigendes Feedback ist auch der Schlüssel zur Verfeinerung Ihres Führungsstils. Offene Kommunikationswege mit Teammitgliedern, Kollegen und sogar Mentoren können Ihnen verschiedene Perspektiven auf Ihre Effektivität als Führungskraft vermitteln. Zuzuhören, was andere zu sagen haben, und den eigenen Ansatz entsprechend anzupassen, ist kein Zeichen von Schwäche, sondern von einer reifen, anpassungsfähigen Führungskraft.

Ihr Führungsstil ist ein sich entwickelnder Aspekt Ihrer beruflichen Entwicklung. Er ist nicht in Stein gemeißelt und sollte flexibel genug sein, um sich an unterschiedliche Herausforderungen, Möglichkeiten und Teamdynamiken anzupassen. Wenn Sie sich die Zeit nehmen, zu reflektieren, zu experimentieren und Feedback einzuholen, können Sie nicht nur Ihren effektivsten Führungsstil herausfinden, sondern sich auch die Anpassungsfähigkeit aneignen, die moderne Führungsaufgaben erfordern. Diese Anpassungsfähigkeit kann ein entscheidender Vorteil sein, wenn Sie sich in den komplexen und oft unvorhersehbaren Gewässern der Unternehmensführung bewegen.

Bewertung Ihrer Bereitschaft

Der Übergang vom Management zur Führung ist ein bedeutender Schritt, der sorgfältige Planung und Selbstreflexion erfordert. Sie wechseln nicht nur die Berufsbezeichnung, sondern übernehmen eine Reihe neuer Aufgaben, eine neue Denkweise und beeinflussen in vielerlei Hinsicht die Richtung Ihres Teams oder sogar Ihres gesamten Unternehmens. Wie können Sie angesichts des Ausmaßes dieser Veränderung sicher sein, dass Sie darauf vorbereitet sind? Die Beurteilung Ihrer Bereitschaft erfordert sowohl Selbstreflexion als auch externe Validierung, und es gibt verschiedene Instrumente und Messgrößen, die Ihnen bei dieser Beurteilung helfen.

Erstens, die Selbsteinschätzung. Verschiedene psychometrische Tests und Bewertungen der Führungsbereitschaft können Ihnen einen ersten Eindruck von Ihrer Bereitschaft vermitteln. Diese Tests bewerten in der Regel Ihre emotionale Intelligenz, Ihr strategisches Denkvermögen, Ihre Fähigkeit, mit Stress umzugehen, und Ihre Fähigkeit, andere zu inspirieren - Eigenschaften, die für eine effektive Führung entscheidend sind. Zwar kann kein Test ein vollständiges Bild Ihrer Führungsfähigkeiten vermitteln, doch bieten sie einen nützlichen Ausgangspunkt.

Dann ist da noch Ihre Erfolgsbilanz. Haben Sie erfolgreich kleinere Teams oder Projekte geleitet? Waren Sie in der Lage, Entscheidungen auf höheren Ebenen Ihres Unternehmens zu beeinflussen? Können Sie auf konkrete Fälle verweisen, in denen sich Ihre Führungskompetenz positiv auf die Ergebnisse Ihres Teams oder Projekts ausgewirkt hat? Das Verhalten in der Vergangenheit ist oft ein guter Prädiktor für künftige Leistungen, und eine erfolgreiche Managementgeschichte kann ein Hinweis auf Führungspotenzial sein.

Selbsteinschätzung und eine gute Erfolgsbilanz sind nur Teile des Puzzles. Die externe Validierung - das Feedback von Kollegen, Untergebenen und Mentoren - kann unschätzbare Einblicke in Ihre

Bereitschaft für eine Führungsrolle liefern. Auch wenn Sie sich bereit fühlen, eine Führungsrolle zu übernehmen, ist die Wahrnehmung durch Ihr Team ebenso wichtig. Regelmäßige Leistungsbeurteilungen, 360-Grad-Feedback oder auch informelle Gespräche können eine externe Perspektive liefern. Wenn diejenigen, die eng mit Ihnen zusammengearbeitet haben, sich Sie in einer Führungsrolle vorstellen können und Vertrauen in Ihre Fähigkeiten haben, ist das ein starker Indikator dafür, dass Sie für den Übergang bereit sind.

Auch das Feedback von Kollegen und Mentoren kann Ihnen helfen, Verbesserungsmöglichkeiten zu erkennen, sei es in den Bereichen Kommunikation, emotionale Intelligenz oder strategische Planung. Mentoren können aufgrund ihrer größeren Erfahrung besonders aufschlussreiche Ratschläge geben. Sie können Ihnen dabei helfen, die Komplexität von Organisationen zu verstehen, schwierige Beziehungen zu managen und Ihren Karriereweg reibungsloser zu gestalten. Ihr Feedback kann wie ein Kompass wirken und Ihnen den Weg zu den Bereichen weisen, in denen Sie sich weiterentwickeln müssen.

Zum Abschluss dieses Kapitels lohnt es sich, noch einmal auf die wesentlichen Themen einzugehen, die wir erforscht haben. Der Übergang vom Management zur Führungskraft ist nicht nur eine Beförderung oder ein Wechsel der Berufsbezeichnung, sondern ein grundlegender Wechsel der Denkweise, der Verantwortlichkeiten und sogar der Identität. Es steht viel auf dem Spiel, und die Reise ist komplex, aber die Belohnungen - sowohl persönlich als auch organisatorisch - können immens sein.

Wir haben uns damit befasst, warum Führungspositionen oft als Sprungbrett zu Führungspositionen dienen, und dabei die organische Entwicklung hervorgehoben, die man oft sieht, wenn man die organisatorische Leiter hinaufsteigt. Wir haben die Fähigkeiten analysiert, die Sie benötigen, von denen einige aus Ihrer Erfahrung als Führungskraft übertragbar sind, während Sie andere neu kultivieren müssen. Wir haben auch den kritischen mentalen Wechsel von einer Konzentration auf Kontrolle zu einer Befähigung erörtert, ein Übergang, der ebenso psychologisch wie operativ ist.

Das Kapitel bietet Ihnen ein Instrumentarium zur Vorbereitung auf diesen Übergang. Von der Identifizierung potenzieller Hindernisse und Möglichkeiten zu deren Überwindung bis hin zur Erwägung von Mentorenschaft und Selbststudium haben wir umsetzbare Schritte dargelegt, mit denen Sie sich für die bevorstehende Reise rüsten können. Wir haben uns sogar mit Methoden zur Bewertung Ihrer Bereitschaft befasst, wobei wir Selbsteinschätzung und externes Feedback in Einklang gebracht haben, um Ihnen einen umfassenden Überblick über Ihre Bereitschaft für die Herausforderungen einer Führungsposition zu geben.

Diese Elemente zu verstehen ist jedoch nur der erste Schritt; die eigentliche Arbeit besteht darin, dieses Wissen auf Ihre eigene Karriere anzuwenden. Dieser Übergang vollzieht sich nicht über Nacht. Er erfordert Planung, ständiges Lernen und, was am wichtigsten ist, ein starkes Engagement für persönliches und berufliches Wachstum. Wenn Sie dieses Kapitel abschließen, möchte ich Sie ermutigen, dies nicht als das Ende Ihrer Untersuchung darüber zu betrachten, was es bedeutet, vom Management zur Führung überzugehen, sondern vielmehr als einen Ausgangspunkt. Denken Sie über Ihre eigene Situation nach, holen Sie sich Feedback und beginnen Sie mit der harten, aber erfüllenden Arbeit, Ihre Karriere in Richtung Führung zu lenken.

Kapitel 7: Das Gleichgewicht finden: Die hybride Führungskraft - Manager

In einer zunehmend komplexen und sich rasch verändernden Unternehmenslandschaft verändern sich die Rollen von Führungskräften und Managern. Unternehmen stellen fest, dass die traditionellen Silos, die diese Rollen trennten, in der heutigen vielschichtigen Betriebsumgebung weniger effektiv sind. Die Nachfrage nach einer neuen Art von Fachleuten, die in der Lage sind, effizient zu managen und gleichzeitig ihre Teams zu inspirieren und zu führen, nimmt zu. Willkommen zu Kapitel 7, in dem wir uns mit dem Konzept der hybriden Führungspersönlichkeit befassen, einer Rolle, die das Beste aus beiden Welten vereint.

Der Bedarf an einer hybriden Rolle ist mehr als nur ein Trend; er ist eine Antwort auf die Herausforderungen der realen Welt. Ganz gleich, ob es darum geht, die Komplexität globaler Märkte zu bewältigen, die digitale Transformation voranzutreiben oder eine Kultur der kontinuierlichen Innovation zu fördern - Unternehmen benötigen Personen, die unterschiedliche Fähigkeiten miteinander in Einklang bringen können. In diesem Kapitel untersuchen wir die Eigenschaften und Merkmale, die diese neue Rolle ausmachen, die Vorteile und potenziellen Fallstricke eines solchen Modells und die notwendigen Schritte für den Übergang zu einer hybriden Führungs- und Managementfunktion.

Wir werden auch Fallstudien vorstellen, die lebendige Beispiele für erfolgreiche hybride Führungspersönlichkeiten und Manager liefern und beschreiben, wie sie es schaffen, die Verantwortlichkeiten beider Rollen effektiv zu jonglieren. Wenn Sie die vorangegangenen Diskussionen über die Unterschiede und Überschneidungen zwischen Führung und Management fasziniert haben, wird Ihnen dieses Kapitel eine interessante Perspektive auf die Zukunft der Organisationsdynamik bieten.

Wenn Sie eine Führungskraft sind, die eine strategischere Rolle in Ihrem Unternehmen anstrebt, oder eine Führungskraft, die sich fragt, wie sie ihre Vision besser umsetzen kann, bietet dieses Kapitel wichtige Erkenntnisse für Sie. Und für Unternehmen, die die traditionellen Silos zwischen Führung und Management aufbrechen wollen, könnte die hybride Rolle durchaus eine Strategie für langfristigen Erfolg sein. Lassen Sie uns eintauchen und herausfinden, wie Sie in dieser Ära des Wandels und der Chancen zu einer hybriden Führungspersönlichkeit werden können.

Der Aufstieg der Hybrid-Rolle: Eine Notwendigkeit im modernen Business

Die Organisationslandschaft des 21. Jahrhunderts ist weitaus dynamischer, komplexer und unsicherer als in den vergangenen Jahrzehnten. Vorbei sind die Zeiten, in denen Rollen starr definiert und aufgeteilt waren. Die heutigen Herausforderungen erfordern Fachleute, die in der Lage sind, mehrere Hüte zu tragen und nahtlos zwischen den Rollen zu wechseln, um den sich ständig ändernden Anforderungen gerecht zu werden. Dies hat zu einer hybriden Führungspersönlichkeit geführt, einer Person, die über eine Mischung aus Führungsvision und Managementgeschick verfügt.

Mehrere Faktoren tragen zum Entstehen dieser hybriden Rolle bei, angefangen bei der technologischen Disruption. Im digitalen Zeitalter ist der Wandel schnell und oft unvorhersehbar. Es entstehen ständig neue Tools, Plattformen und digitale Ökosysteme, die von den Unternehmen Flexibilität und Anpassungsfähigkeit verlangen. Diese Veränderungen erfordern nicht nur ein Management, sondern auch eine Führung, die das Schiff in eine Richtung lenkt, die mit den langfristigen strategischen Zielen übereinstimmt. Gleichzeitig können es sich Organisationen nicht leisten, im Namen der Innovation ziellos umherzuirren; sie benötigen die Stabilität und Effizienz, die ein gutes Management mit sich bringt.

Der Bedarf an der hybriden Rolle wird auch durch die zunehmende Komplexität der globalen Geschäftsabläufe bestimmt. Unternehmen sind nicht mehr durch geografische Grenzen begrenzt; sie operieren auf globaler Ebene, managen unterschiedliche Teams und bedienen einen multikulturellen Kundenstamm. Die Bewältigung dieser Komplexität erfordert nicht nur die Fähigkeit, Logistik, Betrieb und Personal effektiv zu verwalten, sondern auch die Fähigkeit, Menschen für eine gemeinsame Vision und Kultur zu begeistern und zu vereinen.

Darüber hinaus haben gesellschaftliche Veränderungen, wie die zunehmende Bedeutung der sozialen Verantwortung von Unternehmen und ethischer Geschäftspraktiken, die Unternehmen unter Druck gesetzt, mehr als nur gewinnorientierte Unternehmen zu sein. Dies erfordert eine Führung, die sich für solche Anliegen einsetzt und gleichzeitig die konkreten Kennzahlen des Geschäftserfolgs im Griff hat.

Beispiele für Situationen, in denen die hybride Rolle von entscheidender Bedeutung ist

Ein Bereich, in dem die hybride Rolle immer wichtiger wird, ist das Gesundheitswesen, ein Sektor, der durch rasche technologische Fortschritte, regulatorische Herausforderungen und die Notwendigkeit einer mitfühlenden Pflege gekennzeichnet ist. Hier müssen Fachkräfte effizient arbeiten und gleichzeitig mit Empathie und ethischen Überlegungen führen.

Startups sind ein weiterer Bereich, in dem hybride Fähigkeiten oft unerlässlich sind. Ein Gründer beginnt häufig als Visionär mit einer bahnbrechenden Idee, merkt aber bald, dass er starke Managementfähigkeiten braucht, um diese Vision in ein nachhaltiges Geschäftsmodell umzusetzen.

Sogar in traditionellen Unternehmen stellen mittlere Führungskräfte fest, dass sich ihre Rolle weiterentwickelt. Sie können nicht mehr nur als bloße Überbringer von Anweisungen der Geschäftsleitung fungieren; von ihnen wird zunehmend erwartet, dass sie einen strategischen Beitrag leisten und ihre Teams inspirieren.

Die moderne Unternehmenslandschaft ist zu nuanciert, zu dynamisch und zu integriert, als dass die traditionellen Grenzen zwischen Führung und Management isoliert bestehen könnten. Der Aufstieg der hybriden Führungspersönlichkeit ist daher nicht nur eine interessante Entwicklung, sondern eine notwendige Weiterentwicklung.

Merkmale einer hybriden Führungspersönlichkeit: Das Beste aus beiden Welten

Die hybride Führungspersönlichkeit ist eine Person, die die strategische Vision einer Führungspersönlichkeit mit dem praktischen Know-how eines Managers meisterhaft verbindet. Dies schafft eine ausgewogene Kompetenz, die es ihnen ermöglicht, sich in dem komplexen und oft unklaren Terrain moderner Organisationen zurechtzufinden. Doch was sind die spezifischen Eigenschaften und Fähigkeiten, die den hybriden Leader-Manager auszeichnen? Sehen wir uns die Eigenschaften an, die das Beste aus beiden Welten vereinen.

Hybride Führungspersönlichkeiten sind Visionäre, die eine überzeugende Zukunft für ihre Teams und Organisationen formulieren können. Sie konzentrieren sich nicht nur auf das "Hier und Jetzt", sondern sind in der Lage, in die Zukunft zu blicken, Markttrends zu verstehen und einen Kurs einzuschlagen, der mit den übergeordneten Unternehmenszielen übereinstimmt. Diese Vision ist nicht auf die Vorstandsetage beschränkt; sie verstehen es, sie so zu kommunizieren, dass sie bei jedem ankommt, von den Anfängern bis zu den Stakeholdern.

Sie belassen es nicht dabei, eine Vision zu entwickeln. Sie sind auch Pragmatiker, die wissen, wie man diese Vision in die Realität umsetzt. Dies erfordert ein ausgeprägtes Verständnis für die Grundlagen des Managements, von der Ressourcenzuweisung über die Prozessoptimierung bis hin zur Leistungsmessung. Sie wissen, wie man größere Ziele in umsetzbare Schritte zerlegt, und sind entschlossen, diese auch durchzuziehen. Im Gegensatz zu Führungskräften, die das "Wie" an jemand anderen delegieren, oder zu Managern, die sich nicht mit dem "Warum" befassen, sind hybride Leader-Manager aktiv an beidem beteiligt.

Ein weiteres auffälliges Merkmal ist ihre emotionale Intelligenz. Sie konzentrieren sich nicht nur auf Systeme und Prozesse, sondern auch auf die Menschen. Sie wissen, dass Mitarbeiterengagement, Unternehmenskultur und Teamdynamik keine Nebensächlichkeiten sind, sondern entscheidende Faktoren, die sich auf das Endergebnis auswirken. Daher wissen sie, wie man Menschen managt und führt. Sie sind in der Lage, konstruktives Feedback zu geben, die Zusammenarbeit zu fördern und eine Kultur der kontinuierlichen Verbesserung aufzubauen, während sie gleichzeitig Loyalität und Zielstrebigkeit bei ihren Teammitgliedern wecken.

Eine der wichtigsten Fähigkeiten der hybriden Führungspersönlichkeit ist die Anpassungsfähigkeit. Die Fähigkeit, zwischen Führungs- und Managementaufgaben zu wechseln, wenn die Umstände es erfordern, ist von unschätzbarem Wert. In Krisenzeiten kann es zum Beispiel erforderlich sein, dass sie eine stärkere Führungsrolle übernehmen, um Stabilität und Kontrolle zu gewährleisten. Umgekehrt können sie in Zeiten der Stagnation oder Selbstzufriedenheit ihre Führungsqualitäten betonen, um Innovation und Wandel voranzutreiben.

Sie zeichnen sich durch eine Entscheidungsfindung aus, bei der sowohl kurzfristige Effizienz als auch langfristige Effektivität berücksichtigt werden. Sie lassen sich nicht von schnellen

Gewinnen oder sofortigen Erfolgen leiten. Stattdessen beurteilen sie Situationen aus mehreren Blickwinkeln, erwägen die Auswirkungen verschiedener Optionen und treffen Entscheidungen, die sowohl den unmittelbaren Bedürfnissen als auch den zukünftigen Zielen entsprechen.

Die hybride Führungspersönlichkeit ist ein vielseitiger Fachmann, der eine reichhaltige Mischung von Eigenschaften aus beiden Bereichen verkörpert. Sie sind strategisch und doch praktisch, visionär und doch bodenständig, menschenorientiert und doch prozessorientiert. Diese Mischung ermöglicht es ihnen, ihre Teams und Organisationen durch die differenzierten Herausforderungen der modernen Geschäftswelt zu führen, was sie zu einem unverzichtbaren Aktivposten in jedem zukunftsorientierten Unternehmen macht.

Vorteile und Herausforderungen: Die zwei Seiten der Medaille "Hybride Führungskraft - Manager".

Das Konzept der hybriden Führungspersönlichkeit gewinnt in der sich ständig weiterentwickelnden Unternehmenslandschaft zunehmend an Bedeutung. Mit ihrer einzigartigen Mischung von Fähigkeiten sind sie gut gerüstet, um die Herausforderungen moderner Organisationen zu meistern. Doch wie jede andere Rolle bringt auch die Position einer hybriden Führungspersönlichkeit eine Reihe von Vorteilen und Herausforderungen mit sich.

Vorteile

Einer der Hauptvorteile einer hybriden Führungspersönlichkeit ist die Fähigkeit, sowohl den Wald als auch die Bäume zu sehen, d. h. sich auf langfristige Visionen zu konzentrieren und gleichzeitig das Tagesgeschäft zu managen, das diese Visionen realisierbar macht. Diese umfassende Sichtweise kann besonders in dynamischen Umgebungen von Vorteil sein, in denen ständiger Wandel herrscht und Anpassungsfähigkeit der Schlüssel ist.

Ein weiterer Vorteil ist die Effizienz, die sich aus einer Kombination von Fähigkeiten ergibt. Die hybride Führungspersönlichkeit kann nahtlos zwischen verschiedenen Aufgabentypen wechseln, von der Festlegung der Strategie bis zur Problemlösung bei operativen Fragen. Dadurch entfällt die Notwendigkeit einer Befehlskette, um Entscheidungen nach oben und unten zu verschieben, wodurch der Entscheidungsprozess beschleunigt wird.

Die emotionale Intelligenz, die hybride Führungspersönlichkeiten auszeichnet, führt häufig zu einem höheren Maß an Mitarbeiterengagement und -zufriedenheit. Sie verstehen es, das menschliche Element mit den betrieblichen Erfordernissen des Unternehmens in Einklang zu bringen und ein Arbeitsumfeld zu schaffen, in dem sich die Mitarbeiter wertgeschätzt und gehört fühlen und motiviert sind, ihr Bestes zu geben.

Außerdem sind sie oft besser in der Lage, Innovationen zu fördern. Mit ihrem Verständnis sowohl für die Zwänge des Managements als auch für die übergeordnete Vision können sie ihren Teams die Ressourcen und den Freiraum zur Verfügung stellen, den sie brauchen, um kreativ zu denken, und gleichzeitig sicherstellen, dass diese Bemühungen mit den Zielen des Unternehmens in Einklang stehen.

Herausforderungen

Die Rolle ist jedoch nicht ohne Herausforderungen. Die Erwartung, sowohl in der Führung als auch im Management hervorragende Leistungen zu erbringen, kann manchmal zu Verwirrung in der Rolle führen, sowohl für den Einzelnen als auch für sein Team. Mangelnde Klarheit darüber, wann welche Fähigkeiten einzusetzen sind, kann zu inkonsistenten Entscheidungen und folglich zu einem geringeren Vertrauen im Team führen.

Die Vielzahl der Aufgaben kann zu einem Burnout führen. Die hybride Führungspersönlichkeit hat oft eine längere Liste von Erwartungen zu erfüllen, die ihr Wohlbefinden beeinträchtigen können, wenn sie nicht sorgfältig gehandhabt werden.

Nicht alle Organisationskulturen oder -strukturen sind bereit, die gemischte Rolle eines hybriden Führungs- und Managementmodells zu unterstützen. In streng hierarchischen oder traditionell segmentierten Organisationen kann es Widerstand gegen diesen ganzheitlichen Ansatz geben.

Strategien zur Schadensbegrenzung

Die Bewältigung dieser Herausforderungen erfordert häufig eine klare Rollendefinition und die Festlegung angemessener Grenzen. Zeitmanagement und die Fähigkeit zur Delegation von Aufgaben sind von entscheidender Bedeutung, um die Vielfalt der Verantwortlichkeiten zu bewältigen. Darüber hinaus sind regelmäßige Schulungen und die Auffrischung von Kenntnissen unerlässlich, um die Befähigung sowohl für Führungs- als auch für Managementaufgaben zu erhalten.

Um einem Burnout vorzubeugen, tun hybride Führungskräfte gut daran, Selbstfürsorge zu betreiben und vielleicht sogar Mentoren zu Rate zu ziehen, die die Komplexität einer solchen Rolle erfolgreich gemeistert haben. Was die organisatorischen Herausforderungen betrifft, so können das Eintreten für den Wert einer solchen facettenreichen Rolle und das Aufzeigen ihrer Vorteile durch kleine Erfolge eine Möglichkeit sein, einen Kulturwandel zu bewirken.

Der Übergang zu einer hybriden Rolle: Der Weg zum vielseitigen Leader-Manager

In der modernen, schnelllebigen Geschäftswelt ist der Bedarf an vielseitigen Fachleuten, die sich sowohl im Bereich der Führung als auch im Bereich des Managements zurechtfinden, größer denn je. Der Übergang in eine hybride Führungsrolle ist ein nuancierter Prozess, der eine bewusste Planung, den Aufbau strategischer Fähigkeiten und eine gezielte Selbstentwicklung erfordert. Wenn Sie sich in einer traditionellen Management- oder Führungsrolle befinden und sich zu diesem gemischten Profil weiterentwickeln möchten, können Ihnen die folgenden Erkenntnisse als Fahrplan für Ihre Reise dienen.

Erforderliche Schritte für den Übergang

- Selbstbeurteilung: Der erste entscheidende Schritt ist eine gründliche Selbsteinschätzung, um Ihre vorhandenen Fähigkeiten, Stärken und verbesserungsbedürftigen Bereiche zu ermitteln. Bewerten Sie nicht nur Ihre technischen Fähigkeiten, sondern auch Soft Skills wie Kommunikation, Einfühlungsvermögen und strategisches Denken. Verschiedene Tools und Bewertungsrahmen können Ihnen helfen, einen umfassenden Überblick über Ihre Fähigkeiten zu gewinnen.

- Rollendefinition: Skizzieren Sie klar und deutlich, wie eine hybride Rolle in Ihrem spezifischen organisatorischen Kontext aussehen würde. Besprechen Sie die Möglichkeit und die Parameter mit Ihren Vorgesetzten oder der Personalabteilung und holen Sie deren Meinung dazu ein, welche Fähigkeiten und Kompetenzen am wichtigsten sind.

- Lückenanalyse: Führen Sie auf der Grundlage Ihrer Selbsteinschätzung und der definierten Rollenparameter eine Lückenanalyse durch, um festzustellen, welche Fähigkeiten oder Kenntnisse Ihnen fehlen. Dadurch erhalten Sie einen gezielten Bereich für die Entwicklung.

- Plan zur Qualifikationsentwicklung: Erstellen Sie einen umfassenden Plan zur Kompetenzentwicklung, der die festgestellten Lücken schließt. Dieser sollte einen Zeitplan, die benötigten Ressourcen und spezifische Meilensteine enthalten.

- Pilotprojekte: Bevor Sie den Übergang vollziehen, sollten Sie kleine Projekte in Erwägung ziehen, die es Ihnen ermöglichen, sowohl Ihre Führungs- als auch Ihre Managementfähigkeiten zu erproben. Das Feedback aus diesen Initiativen kann unschätzbare Einblicke in Ihre Bereitschaft und verbesserungswürdige Bereiche liefern.

- Laufende Überprüfung und Anpassung: Beurteilen Sie kontinuierlich Ihre Fortschritte anhand der in Ihrem Entwicklungsplan festgelegten Meilensteine. Seien Sie darauf vorbereitet, Ihren Plan anzupassen, wenn Sie mehr Erfahrung sammeln und sich die Anforderungen des Unternehmens weiterentwickeln.

Schulungen, Mentoring und andere Ressourcen

- Formale Ausbildungsprogramme: Verschiedene Weiterbildungsprogramme für Führungskräfte konzentrieren sich auf hybride Fähigkeiten für moderne Führungskräfte. Diese Programme bieten theoretische Grundlagen, praktische Fallstudien und sogar Simulationsübungen, um Sie auf Ihre Rolle vorzubereiten.

- Mentorschaft: Suchen Sie sich Mentoren, die erfolgreich in einer hybriden Rolle gearbeitet haben. Ihre Erfahrungen, Einblicke und Ratschläge können praktische Perspektiven bieten, die sonst nur schwer zu finden sind.

- Online-Kurse und Webinare: Das Internet bietet eine Fülle von Ressourcen, um sowohl Führungs- als auch Managementfähigkeiten zu verbessern. Websites wie Coursera, Udemy oder LinkedIn Learning bieten spezialisierte

Kurse zu Themen wie strategische Visionen oder betriebliche Effizienz.

- Bücher und Fachzeitschriften: Es gibt eine Fülle von Literatur über Management und Führung. Die regelmäßige Lektüre einschlägiger Bücher, Fachzeitschriften und Artikel kann Ihnen sowohl grundlegende Theorien als auch aktuelle Innovationen auf diesem Gebiet vermitteln.

- Peer-Netzwerke: Treten Sie beruflichen Netzwerken oder Online-Communities bei, in denen Sie Herausforderungen diskutieren, Erkenntnisse austauschen und von den Erfahrungen anderer in ähnlichen Positionen lernen können.

- Feedback-Mechanismen: Schaffen Sie robuste Feedback-Mechanismen mit Ihrem Team und Ihren Vorgesetzten, um Ihre Leistung kontinuierlich zu messen. Anonyme Umfragen, Einzelgespräche und Leistungsbeurteilungen können offene Einblicke in Ihre Effektivität in der neuen Rolle bieten.

Der Übergang in eine hybride Führungsrolle ist ein lohnendes, aber anspruchsvolles Unterfangen. Die Herausforderung liegt in der Ausgewogenheit der Fähigkeiten, der Zeit und der Verantwortung. Mit der richtigen Herangehensweise, dem richtigen Engagement und den richtigen Ressourcen kann dieser Übergang jedoch nicht nur reibungslos verlaufen, sondern auch einen wichtigen Meilenstein auf Ihrem beruflichen Weg darstellen.

Fallstudien: Erfolgsgeschichten hybrider Leader-Manager

Der Wert einer Theorie zeigt sich oft erst, wenn sie durch praktische Beispiele untermauert wird. Zu diesem Zweck können die Geschichten von Personen, die erfolgreich in die hybride Rolle einer Führungskraft und eines Managers geschlüpft sind, unschätzbare Erkenntnisse liefern. Diese Fälle aus der Praxis zeigen, wie die Verschmelzung von Führungs- und Managementeigenschaften zu einem transformativen Erfolg führen kann, sowohl für den Einzelnen als auch für das Unternehmen.

Fallstudie 1: Umwandlung eines Start-Ups in einen Branchenführer

Eines der überzeugendsten Beispiele ist das einer jungen Unternehmerin, die ein Technologie-Startup mitbegründet hat. Anfänglich war ihre Rolle stark auf das Tagesgeschäft, die Ressourcenzuteilung und den Zeitplan von Projekten ausgerichtet. Als das Unternehmen jedoch wuchs, erkannte sie die Notwendigkeit eines visionäreren Ansatzes, um das Unternehmen in die Zukunft zu führen. Durch ständiges Lernen und Mentoring kultivierte sie Führungseigenschaften wie strategische Visionen, inspirierende Kommunikation und einen Fokus auf die Organisationskultur. Ihr ausgewogener Ansatz ermöglichte es dem Unternehmen, effizient zu skalieren und gleichzeitig innovativ zu sein, so dass es schließlich zu einem Branchenführer wurde. Zu den Schlüsselfaktoren, die zu ihrem Erfolg beitrugen, gehörte ihre Bereitschaft, sich anzupassen, in kontinuierliches Lernen zu investieren und bei der Bewältigung komplexer Herausforderungen ein ausgewogenes Spektrum an Fähigkeiten einzusetzen.

Fallstudie 2: Wiederbelebung einer rückständigen Abteilung in einem multinationalen Unternehmen

In einem anderen Fall wurde einem mittleren Manager in einem multinationalen Unternehmen die Verantwortung für eine Abteilung übertragen, die seit mehreren Quartalen unterdurchschnittliche Ergebnisse erzielte. Er war in der Vergangenheit eine starke Führungskraft und verfügte über Kenntnisse in der Prozessoptimierung und im Personalmanagement. Diese Fähigkeiten allein reichten jedoch nicht aus, um die Abteilung zu sanieren. Er beschloss, einen stärker führungsorientierten Ansatz zu verfolgen, sein Team durch eine neu formulierte Vision zu inspirieren und Innovationen zu fördern, indem er den Status quo in Frage stellte. Im Laufe der Zeit verbesserte sich die Leistung der Abteilung dramatisch. Ein wichtiger Faktor für seinen Erfolg war, dass er die Grenzen eines rein führungsorientierten Ansatzes in einer Situation erkannte, die einen transformativen Wandel erforderte. Durch die Integration von Führungsqualitäten wie Visionsfindung und Inspiration konnte er sein Team zu höheren Leistungen motivieren.

Fallstudie 3: Eine gemeinnützige Organisation zu neuen Höhen führen

Im gemeinnützigen Sektor fand sich eine Direktorin mit einem Hintergrund in Sozialarbeit an der Spitze einer Organisation wieder, die mit finanziellen Problemen zu kämpfen hatte. Ihre Managementfähigkeiten waren entscheidend für die Einführung effizienterer Prozesse zur Kostensenkung. Sie erkannte jedoch auch, dass die Organisation eine überzeugende Geschichte und Vision brauchte, um Spender und Freiwillige zu gewinnen. Sie begann, ihre Führungsqualitäten auszubauen und konzentrierte sich dabei auf das Erzählen von Geschichten, öffentliches Reden und strategische Partnerschaften. Ihr doppelter Fokus auf Management und Führung führte die Organisation schließlich zu finanzieller Stabilität und größerer sozialer Wirkung. Der Schlüssel zu ihrem Erfolg war die Fähigkeit, sowohl kurzfristige betriebliche Notwendigkeiten als auch langfristige strategische Initiativen effektiv zu jonglieren.

Faktoren, die zum Erfolg beitragen

Bei der Untersuchung dieser Fälle zeigen sich mehrere gemeinsame Faktoren, die zu ihrem Erfolg als hybride Führungspersönlichkeiten beigetragen haben:

- Anpassungsfähigkeit: Jeder von ihnen erkannte schnell, wenn eine Situation es erforderte, von seinen vorhandenen Fähigkeiten abzuweichen, und bewies damit eine bemerkenswerte Anpassungsfähigkeit.

- Lebenslanges Lernen: Sie engagieren sich kontinuierlich für ihre persönliche und berufliche Entwicklung und erweitern so kontinuierlich ihr Repertoire an Fähigkeiten.

- Bewusstsein für den Kontext: Sie waren außergewöhnlich gut darin, den Kontext, in dem sie arbeiteten, zu erkennen und zu wissen, wann sie sich auf Prozesse konzentrieren und wann sie Veränderungen vorantreiben sollten.

- Emotionale Intelligenz: In jedem Fall ermöglichte ein hohes Maß an emotionaler Intelligenz es ihnen, komplexe zwischenmenschliche Dynamiken effektiv zu steuern - eine entscheidende Eigenschaft in jeder Führungs- oder Managementposition.

- Gleichgewicht: Vielleicht am bemerkenswertesten ist, dass jeder von ihnen einen fein abgestimmten Sinn für Ausgewogenheit hatte. Sie wussten, wann sie drücken und wann sie ziehen mussten, wann sie managen und wann sie führen mussten, wann sie sprechen und wann sie zuhören mussten.

Diese Fallstudien unterstreichen die Idee, dass sich die Rollen von Managern und Führungskräften nicht gegenseitig ausschließen. Vielmehr können sie in eine komplementäre und leistungsstarke Kompetenz integriert werden, die in der komplexen Unternehmenslandschaft von heute immer mehr zum Markenzeichen des Erfolgs wird.

Führen und Managen: Wann man welche Fähigkeiten einsetzt

Zu erkennen, wann Managerfähigkeiten und wann Führungsfähigkeiten eingesetzt werden müssen, ist eine differenzierte Kunst, die ein tiefes Verständnis des situativen Kontextes und der jeweiligen Herausforderungen erfordert. Es geht weniger darum, sich strikt an vorgeschriebene Richtlinien zu halten, sondern vielmehr darum, ein intuitives Gespür dafür zu entwickeln, was unter den jeweiligen Umständen erforderlich ist. Es gibt jedoch einige allgemeine Indikatoren, an denen Sie sich orientieren können.

In Krisensituationen oder wenn sofortiges Handeln erforderlich ist, haben Managementfähigkeiten eher Vorrang. Hier kommen operativer Scharfsinn, Entscheidungsgeschwindigkeit und die Fähigkeit, Prozesse effizient zu steuern, zum Tragen. Wenn es hingegen um langfristige strategische Planung, die Förderung der Organisationskultur oder die Einleitung bedeutender Veränderungen geht, stehen oft Führungsqualitäten im Vordergrund. In diesen Situationen kann die Fähigkeit, zu inspirieren, eine Vision zu vermitteln und sich emotional auf die Menschen einzulassen, den Unterschied ausmachen.

Lassen Sie uns dies an einem Beispiel verdeutlichen. Stellen Sie sich vor, ein wichtiges Projekt gerät in Verzug und Sie stehen vor einer drohenden Deadline. Dies ist ein klassisches Szenario, in dem Führungsqualitäten gefragt sind. Sie müssen die Situation schnell einschätzen, Ressourcen effizient zuweisen und vielleicht sogar einige Prozesse rationalisieren, um die Frist einzuhalten. Sobald die Krise abgewendet ist, könnte dies jedoch ein geeigneter Zeitpunkt sein, um Ihre Führungsqualitäten einzusetzen, indem Sie eine Teamdiskussion darüber anstoßen, was zu der Krise geführt hat und wie man ähnliche Vorfälle in Zukunft verhindern kann. Dies ist ein guter Zeitpunkt, um das Team zu inspirieren und möglicherweise interne Prozesse oder die Unternehmenskultur zum langfristigen Vorteil des Unternehmens zu ändern.

Dieser fließende Übergang zwischen Management- und Führungsaufgaben ist es, der große Führungspersönlichkeiten oft von guten Managern unterscheidet. Es geht nicht unbedingt darum, vollständig von einem Modus in den anderen zu wechseln, sondern die Mischung der Fähigkeiten subtil an die jeweilige Situation anzupassen. Die Fähigkeit, effektiv zwischen diesen beiden Fähigkeiten zu wechseln, wird immer wichtiger, da sich die Organisationsstrukturen weiterentwickeln und einen stärker integrierten Ansatz erfordern.

Das Konzept der hybriden Führungspersönlichkeit ist mehr als nur ein Trend; es ist eine Antwort auf die sich entwickelnde Komplexität der modernen Organisationsdynamik. Wir sind der Frage nachgegangen, was diese hybride Rolle ausmacht, und haben uns dabei auf die einzigartige Mischung aus Führungsvision und Managementschärfe gestützt. Wir haben die Eigenschaften untersucht, die eine Person in dieser vielseitigen Position auszeichnen, und haben sowohl die Vorteile als auch die Herausforderungen untersucht. Wir haben auch eine Anleitung für den Übergang in eine solche Rolle gegeben, unterstrichen durch Fallstudien von Personen, die diesen Weg erfolgreich beschritten haben.

Die in diesem Kapitel beschriebenen Schritte dienen als Fahrplan für jeden, der mehr als nur ein Manager oder eine Führungskraft sein möchte. Es geht darum, sich eine umfassende Kompetenz anzueignen, die es Ihnen ermöglicht, unabhängig von der jeweiligen Situation anpassungsfähig, einfallsreich und effektiv zu sein. Ob durch Mentoren, Schulungen oder gewissenhaftes Üben - das Ziel ist es, sich auf ein Umfeld vorzubereiten, das diesen ganzheitlichen Ansatz der Unternehmensführung zunehmend schätzt.

Abschließend ist der Aufruf zum Handeln einfach, aber alles andere als einfach: Nehmen Sie die hybride Rolle an. Damit verbessern Sie nicht nur Ihre eigenen Karriereaussichten, sondern tragen auch zu einem Paradigmenwechsel bei, der das Potenzial hat, Organisationen agiler, Mitarbeiter engagierter und Unternehmen letztlich erfolgreicher zu machen. Die hybride Führungspersönlichkeit ist keine Notlösung oder ein Kompromiss, sondern eine strategische Antwort auf die Anforderungen der modernen Wirtschaft. Wenn Sie in die Entwicklung dieser zusammengesetzten Fähigkeiten investieren, schaffen Sie die Voraussetzungen für einen nachhaltigen persönlichen und organisatorischen Erfolg.

Kapitel 8: Moderne Implikationen: Die sich verändernde Landschaft im digitalen Zeitalter

In der heutigen, sich schnell entwickelnden Landschaft ist der Einfluss der digitalen Technologie unausweichlich geworden und verändert jede Facette unseres Lebens - von der Art und Weise, wie wir Kontakte knüpfen und Informationen konsumieren bis hin zur Art und Weise, wie wir arbeiten und Geschäfte tätigen. Das digitale Zeitalter hat nicht nur unsere Erwartungen verändert, sondern auch die Art und Weise, wie Unternehmen arbeiten, neu definiert und eine Welle von Chancen und Komplexitäten mit sich gebracht. Wir vertiefen uns in Kapitel 8 mit dem Titel "Moderne Implikationen: Die sich verändernde Landschaft im digitalen Zeitalter", verlagert sich unser Schwerpunkt auf das Verständnis dieser monumentalen Veränderungen und ihrer Auswirkungen auf die Rolle der Manager und Führungskräfte. Es handelt sich nicht nur um einen weiteren evolutionären Schritt in der Organisationsdynamik, sondern um eine Revolution, die eine vollständige Überarbeitung unseres Verständnisses von Führung und Management erforderlich macht.

Der Beginn des digitalen Zeitalters, das von Fortschritten wie dem Internet, Cloud Computing, künstlicher Intelligenz und Big Data geprägt ist, hat das Tempo des Wandels beschleunigt wie nie zuvor. Unternehmen, die sich einst auf ihr stationäres Modell verlassen konnten, passen sich nun entweder an oder verschwinden, überholt von agileren Wettbewerbern, die sich die Macht der digitalen Technologien effektiv zunutze gemacht haben. Im Zuge dieses Wandels unterliegen auch die Paradigmen des Managements und der Führung einem erheblichen Wandel. Ziel dieses Kapitels ist es, eine umfassende Untersuchung dieser Veränderungen vorzunehmen und die damit verbundenen Chancen und Herausforderungen herauszuarbeiten.

Wir werden eine Reihe von Schlüsselthemen erforschen, von der sich entwickelnden Natur von Manager- und Führungsrollen in einem digitalen Kontext bis hin zu den ethischen Implikationen, die sich aus den technologischen Fortschritten ergeben. Wir werden uns auch mit praktischen Aspekten wie den für das digitale Zeitalter erforderlichen Qualifikationen und der Zunahme der Telearbeit befassen. Anhand von Fallstudien werden wir reale Beispiele für Erfolge und Misserfolge bei der digitalen Transformation aufzeigen, um daraus wertvolle Lehren zu ziehen.

Die Ziele dieses Kapitels sind vielschichtig. Wir wollen sowohl ein theoretisches Verständnis als auch praktische Leitlinien für das Navigieren in der digitalen Landschaft als Manager oder Führungskraft vermitteln. Darüber hinaus wollen wir ein Gefühl für die Dringlichkeit der Anpassung und des kontinuierlichen Lernens vermitteln, die nicht mehr optional, sondern für den Erfolg wesentlich sind.

Die Geschichte der digitalen Transformation ist eine weitreichende Erzählung, die verschiedene technologische Fortschritte umfasst, die die Welt, wie wir sie kennen, umgestaltet haben. Die Reise kann bis ins späte 20. Jahrhundert zurückverfolgt werden, als das Internet aufkam. Computer waren nicht länger nur isolierte Maschinen, sondern wurden zu Portalen zu einer neuen, vernetzten Welt. Diese Initialzündung löste eine Kettenreaktion von Innovationen aus, vom Aufkommen des Cloud Computing, das Speicher- und Verarbeitungsleistung dezentralisierte, bis hin zum explosionsartigen Wachstum von Big Data und künstlicher Intelligenz (KI), die jeweils die Fähigkeiten ihrer Vorgänger verstärkten.

Mit dem Cloud Computing begann eine Ära beispielloser Skalierbarkeit und Flexibilität, die es Unternehmen ermöglichte, Daten aus der Ferne abzurufen und zu speichern, wodurch die mit der Datenverwaltung und dem Betrieb verbundenen Kosten drastisch gesenkt wurden. Es folgten Big-Data-Technologien, die

die Erfassung und Analyse riesiger Datenmengen ermöglichten. Schließlich kam die Künstliche Intelligenz (KI) ins Spiel, die intelligente Systeme hervorgebracht hat, die in der Lage sind, zu lernen und sich anzupassen, vorausschauende Erkenntnisse zu liefern, Prozesse zu automatisieren und sogar auf anspruchsvolle Weise mit Menschen zu interagieren.

All diese Fortschritte haben die Geschwindigkeit, mit der Unternehmen arbeiten, neu definiert. Vorbei sind die Zeiten, in denen Geschäftszyklen lang und langwierig waren. Im digitalen Zeitalter können Unternehmen fast augenblicklich umschwenken und blitzschnell auf Marktveränderungen und Kundenwünsche reagieren. Diese neu gewonnene Agilität hat die Türen zu neuartigen Geschäftsmodellen geöffnet, die in einer vordigitalen Welt undenkbar waren. Unternehmen können nun die "Plattformökonomie" nutzen, bei der sie eher als Vermittler denn als Produzenten auftreten, oder ein "Freemium-Modell" anwenden, bei dem grundlegende Dienste kostenlos angeboten werden, während erweiterte Funktionen zu Geld gemacht werden. Die Möglichkeiten sind scheinbar endlos und nur durch die Innovations- und Anpassungsfähigkeit eines Unternehmens begrenzt.

Die Auswirkungen auf Unternehmen im digitalen Zeitalter sind tiefgreifend. Schnelligkeit und Skalierbarkeit sind nicht nur von Vorteil, sondern eine Voraussetzung für das Überleben. Unternehmen können es sich nicht mehr leisten, träge und starr zu sein, denn schon eine kleine Verzögerung bei der Entscheidungsfindung kann zu verpassten Chancen oder einer raschen Erosion von Marktanteilen führen. Die neuen Geschäftsmodelle, die durch die digitalen Technologien entstanden sind, stellen traditionelle Strategien auf den Kopf und verlangen von Führungskräften und Managern ein Umdenken bei der Wertschöpfung.

Die sich wandelnden Rollen in einer digitalen Welt

In der digitalen Landschaft machen die Rollen von Managern und Führungskräften einen Wandel durch, der die allgemeinen Veränderungen in der Organisationsstruktur und -funktion widerspiegelt. Traditionelle Zuständigkeiten entwickeln sich weiter, stark beeinflusst durch den Einzug digitaler Technologien, die fast alle Facetten des Geschäftsbetriebs durchdrungen haben.

Für Manager sind die Veränderungen vielfältig. Von ihnen wird nun erwartet, dass sie nicht nur Mitarbeiter verwalten, sondern auch mit ausgefeilten Softwaretools für Projektmanagement, Personalwesen und Analysen umgehen können. Digitale Dashboards ersetzen Papierberichte und ermöglichen die Verfolgung der wichtigsten Leistungsindikatoren in Echtzeit. Die Verwaltung von Remote-Teams, ein Trend, der durch die globale Vernetzung und die COVID-19-Pandemie beschleunigt wurde, ist ebenfalls zur neuen Norm geworden. Dies erfordert eine verfeinerte Kompetenz, zu der auch die Beherrschung digitaler Kommunikationsmittel und -plattformen gehört. Manager müssen sich auf die Leitung virtueller Teams einstellen, was andere Techniken zum Aufbau des Teamzusammenhalts und zur Gewährleistung der Produktivität erfordert.

Auch Führungskräfte stellen fest, dass die Eckpfeiler guter Führung wie Vision, Inspiration und Anpassungsfähigkeit nun in einem digitalen Kontext angewendet werden müssen. So ist beispielsweise die Förderung einer Innovationskultur im Unternehmen entscheidend für die effektive Nutzung digitaler Tools. Führungskräfte müssen nicht nur über digitale Kenntnisse verfügen, sondern auch ihre Teams zu kontinuierlichem Lernen anregen und mit den neuesten technologischen Trends Schritt halten.

Mit der Anpassung von Unternehmen an das digitale Zeitalter entstehen neue Funktionen, die an der Schnittstelle zwischen Technologie und traditionellen Funktionsbereichen angesiedelt sind. Bezeichnungen wie Chief Digital Officer werden immer üblicher und spiegeln den Bedarf an Führungskräften wider, die sich ausschließlich auf die Steuerung der digitalen Strategie konzentrieren. Datenanalysten sind zunehmend wichtig für die Interpretation der großen Datenmengen, die Unternehmen sammeln, und wandeln rohe Zahlen in umsetzbare Erkenntnisse um. Agile Coaches sind eine weitere Ergänzung, die dafür sorgen, dass das Unternehmen flexible und effiziente Methoden anwendet, die ursprünglich in der Softwareentwicklung verwurzelt waren, heute aber auf eine Reihe von Geschäftsprozessen anwendbar sind.

Diese neuen Funktionen arbeiten oft eng mit den traditionellen Management- und Führungsfunktionen zusammen und bilden eine hybride Struktur, die besser auf den raschen technologischen Wandel reagieren und sich anpassen kann. In einem solchen Umfeld können es sich Manager und Führungskräfte nicht mehr leisten, in Silos zu arbeiten oder sich strikt auf ihre traditionellen Stellenbeschreibungen zu beschränken. Das digitale Zeitalter verlangt von ihnen, ihren Horizont zu erweitern, ihre Fähigkeiten ständig zu aktualisieren und synergetisch mit Spezialisten in neuen Rollen zusammenzuarbeiten, um die Wettbewerbsfähigkeit des Unternehmens zu sichern.

Die Entwicklung der Rollen in der digitalen Welt bedeutet eine organisatorische Metamorphose. Diese Entwicklung ist nicht nur additiv, d.h. alte Rollen werden durch neue ergänzt, sondern sie ist transformativ, d.h. sie verändert die Art und Weise, wie Führungskräfte und Manager arbeiten. Die digitalen Technologien bieten nie dagewesene Chancen und Herausforderungen. Deshalb werden diejenigen Unternehmen erfolgreich sein, die ihren Führungs- und Managementstil an die Anforderungen dieses neuen Bereichs anpassen.

In der heutigen digitalen Landschaft sind die Unterschiede zwischen traditioneller Führung und dem, was jetzt als "digitale Führung" bezeichnet wird, sehr deutlich geworden. Während bei der traditionellen Führung allgemeine Qualitäten wie Visionen, Inspiration und die Fähigkeit, Veränderungen voranzutreiben, im Vordergrund stehen, konzentriert sich die digitale Führung auf eine Reihe von Eigenschaften, die speziell auf das schnelllebige, sich ständig verändernde digitale Umfeld abgestimmt sind.

Anpassungsfähigkeit ist vielleicht der Eckpfeiler der digitalen Führung. Anpassungsfähigkeit war zwar schon immer eine geschätzte Eigenschaft, aber in einem digitalen Kontext, in dem sich Markttrends, Kundenverhalten und Wettbewerbsumfeld ständig ändern, ist sie noch wichtiger. Traditionelle Führungspersönlichkeiten konzentrieren sich oft auf eine langfristige Vision, einen Kurs, der über Jahre hinweg abgesteckt werden kann. Digitale Führungskräfte hingegen wissen, dass solche langfristigen Pläne flexibel sein müssen und auf der Grundlage von Echtzeitdaten und sich ändernden Umständen iterativ überarbeitet werden können. Die agile Methodik, die in der Welt der Softwareentwicklung ihren Ursprung hat, ist heute eine Strategie, die digitale Führungskräfte einsetzen, um Veränderungen effizient zu bewältigen.

Offenheit ist eine weitere Schlüsseleigenschaft, die digitale Führungskräfte auszeichnet. Während herkömmliche Führungspersönlichkeiten bei der Weitergabe von Informationen nach dem Prinzip "Kenntnis nur, wenn nötig" vorgehen, erkennen digitale Führungskräfte die Bedeutung von Transparenz und freiem Informationsfluss an. Open-Source-Kulturen, flache Organisationshierarchien und kollaborative Arbeitsumgebungen sind charakteristisch für Organisationen, die von digitalen Führungskräften geleitet werden. Sie legen Wert auf Beiträge aus allen Ebenen des Unternehmens und sind sich bewusst, dass gute Ideen von überall her kommen können und dass gemeinsame Anstrengungen oft zu den besten Lösungen führen.

Innovation ist die dritte Säule der digitalen Führung. Traditionelle Führungskräfte streben nach stetigen, schrittweisen

Verbesserungen und legen dabei den Schwerpunkt auf Risikomanagement und betriebliche Effizienz. Digitale Führungskräfte hingegen haben eine fast schon unternehmerische Denkweise und sind bereit, bei der Suche nach transformativen Innovationen kalkulierte Risiken einzugehen. Das bedeutet nicht, dass sie rücksichtslos sind, sondern eher, dass sie experimentierfreudig sind. Sie wissen, dass Vorsprung im digitalen Zeitalter oft bedeutet, neue Technologien, Methoden oder Strategien als Erster zu nutzen.

Lassen Sie uns nun über die Rolle einer digitalen Führungskraft im Kontext einer Organisation sprechen. Im Gegensatz zu traditionellen Führungskräften, die die Einzelheiten der digitalen Strategie an IT-Abteilungen oder Digitalbeauftragte delegieren können, sind Digital Leader eng in die Gestaltung und Umsetzung der digitalen Strategie eingebunden. Sie sind nicht nur Aushängeschilder, die bei technologischen Initiativen zustimmend nicken, sondern sie sind aktive Teilnehmer an der digitalen Transformation. Sie arbeiten mit Digitalexperten zusammen, verfügen aber auch über genügend digitale Kompetenz, um die richtigen Fragen zu stellen, Annahmen zu hinterfragen und das Unternehmen zur digitalen Reife zu führen. Sie setzen sich für die Einführung digitaler Technologien im Unternehmen ein und fördern eine Kultur, die den technologischen Wandel nicht fürchtet, sondern begrüßt.

Digitales Management: Die Anpassung traditioneller Ansätze

In der Welt des digitalen Managements erleben traditionelle Ansätze eine seismische Verschiebung, was zum großen Teil dem Aufkommen fortschrittlicher Technologien zu verdanken ist, die verschiedene Managementfunktionen automatisieren oder verbessern. Während das traditionelle Management oft einen hohen Anteil an manueller Überwachung beinhaltete - von der Verfolgung der Mitarbeiterleistung bis hin zur Verwaltung von Projektzeitplänen - ermöglicht das digitale Management die

Straffung und in einigen Fällen die Automatisierung dieser Aufgaben, so dass sich die Manager auf komplexere Entscheidungen und Strategien konzentrieren können.

So sind beispielsweise die Zeiten vorbei, in denen das Projektmanagement ausschließlich aus Gantt-Diagrammen auf Papier und persönlichen Statusbesprechungen bestand. Heute ermöglichen digitale Tools wie Asana, Jira oder Microsoft Project den Managern Echtzeiteinblicke in den Projektstatus, die Ressourcenzuweisung und sogar vorausschauende Analysen für potenzielle Engpässe. Diese Tools machen menschliches Urteilsvermögen nicht überflüssig, aber sie verbessern die Fähigkeit eines Managers, Projekte effektiv durchzuführen, erheblich.

Auch die Analytik, einst eine spezielle Fähigkeit, ist heute ein fester Bestandteil des Werkzeugkastens eines digitalen Managers. Plattformen wie Tableau oder Google Analytics bieten Managern die Möglichkeit, große Datensätze schnell zu sichten und daraus verwertbare Erkenntnisse abzuleiten, ob es sich nun um Kundenverhaltensmuster oder Leistungskennzahlen von Mitarbeitern handelt. Was in der vordigitalen Ära Wochen der Analyse erfordert hätte, kann jetzt in einem Bruchteil der Zeit erledigt werden, so dass Manager schneller auf Markttrends oder interne Herausforderungen reagieren können.

Die Einbindung der Mitarbeiter ist ein weiterer Bereich, der den digitalen Wandel erlebt. Traditionelle Methoden wie Jahresgespräche werden durch kontinuierliche Feedback-Plattformen ergänzt oder sogar ersetzt, die einen dynamischeren und kontinuierlichen Dialog zwischen Führungskräften und Teammitgliedern ermöglichen. Tools für die virtuelle Zusammenarbeit wie Slack oder Microsoft Teams definieren neu, was es überhaupt bedeutet, ein "Team" zu sein, überwinden geografische Barrieren und ermöglichen neue Formen der Zusammenarbeit, die zuvor undenkbar waren.

In der digitalen Landschaft geht es nicht nur darum, die neuesten Tools zu nutzen, sondern auch darum, eine neue Denkweise zu entwickeln. Manager müssen von reinen Bedienern zu versierten Interpreten der Technologie werden. Dazu gehört nicht nur, dass man weiß, wie man ein Tool benutzt, sondern auch, welche Fragen man den damit erzeugten Daten stellen kann oder wie man verschiedene Technologien integriert, um neue Arbeitsabläufe oder Lösungen zu schaffen.

In der heutigen schnelllebigen digitalen Landschaft müssen sich sowohl Manager als auch Führungskräfte mit einer neuen Reihe von Fähigkeiten ausstatten, die über den traditionellen Geschäftssinn hinausgehen. Diese Fähigkeiten lassen sich grob in Soft Skills und technische Fähigkeiten unterteilen und sind unerlässlich, um die Komplexität des digitalen Zeitalters zu bewältigen.

Angefangen bei den Soft Skills ist die Anpassungsfähigkeit eine herausragende Eigenschaft. Die Geschwindigkeit, mit der sich die Technologie weiterentwickelt, ist atemberaubend und führt zu schnellen Veränderungen bei bewährten Verfahren, Tools und sogar ganzen Geschäftsmodellen. Manager und Führungskräfte müssen in der Lage sein, sich rasch an diese Veränderungen anzupassen und ihre Teams durch die Übergangsphasen zu führen, ohne dabei die Produktivität und Moral zu beeinträchtigen. Bei dieser Agilität geht es nicht nur darum, auf Veränderungen zu reagieren, sondern auch darum, sie vorherzusehen. Diejenigen, die Branchentrends oder technologische Umwälzungen vorhersehen können, sind klar im Vorteil und können proaktive statt reaktive Strategien verfolgen.

Kontinuierliches Lernen ist eine weitere Soft Skill, die entscheidend geworden ist. Die Halbwertszeit von Fähigkeiten wird immer kürzer, was bedeutet, dass das, was man heute weiß, schneller veralten sein kann, als man denkt. Aus diesem Grund sollten sowohl Manager als auch Führungskräfte die Liebe zum

Lernen kultivieren, nicht nur für sich selbst, sondern auch innerhalb ihrer Teams. Dies kann durch formale Weiterbildung geschehen, z. B. durch Kurse und Zertifizierungen in neu entstehenden Bereichen, oder durch informelle Wege wie Webinare, Workshops oder eigenständige Recherchen. Die Bereitschaft, die eigenen Fähigkeiten zu aktualisieren und zu verbessern, ist für das Überleben im digitalen Zeitalter unerlässlich.

Auf der technischen Seite ist die Datenkompetenz eine unverzichtbare Fähigkeit. Daten werden oft als das neue Öl angepriesen, und das aus gutem Grund. Sie sind die Grundlage für Entscheidungsfindung und Strategie, aber nur, wenn man weiß, wie man sie verfeinert und sinnvoll einsetzt. Manager und Führungskräfte müssen keine Datenwissenschaftler sein, sollten aber wissen, wie man Daten richtig interpretiert, die richtigen Fragen stellt und datengestützte Entscheidungen trifft. Dazu gehört auch, dass sie wissen, wie man Datenanalysetools und - plattformen einsetzt, denn sie sind die Instrumente, die Rohdaten in aussagekräftige Erkenntnisse umwandeln.

Eine weitere technische Fähigkeit, die immer mehr an Bedeutung gewinnt, ist das Bewusstsein für Cybersicherheit. Mit der Zunahme der Fernarbeit und der Verbreitung digitaler Plattformen sind die Sicherheitsrisiken eskaliert. Manager und Führungskräfte müssen die Grundlagen der Cybersicherheit verstehen, nicht nur, um das Unternehmensvermögen zu schützen, sondern auch, um in ihren Teams eine Kultur des Sicherheitsbewusstseins zu schaffen.

Das Aufkommen der Telearbeit ist ein bedeutender Wandel in der beruflichen Landschaft, der durch globale Ereignisse wie die COVID-19-Pandemie noch beschleunigt wurde. Diese Entwicklung hat tiefgreifende Auswirkungen auf die Rolle von Managern und Führungskräften. Das physische Büro, einst das Epizentrum der Arbeitsinteraktionen und des Teamzusammenhalts, wurde durch virtuelle Besprechungsräume, asynchrone Kommunikationsplattformen und cloudbasierte Tools für die Zusammenarbeit ersetzt. In diesem neuen Umfeld stehen sowohl Manager als auch Führungskräfte vor einzigartigen Herausforderungen und Chancen.

Wenn es um Führungsaufgaben geht, bringt die Telearbeit Variablen mit sich, die in einer traditionellen Büroumgebung entweder nicht vorhanden oder weniger ausgeprägt waren. Um beispielsweise sicherzustellen, dass alle Mitarbeiter effizient arbeiten, sind andere Überwachungs- und Bewertungsmechanismen erforderlich, da es keine physische Kontrolle gibt. Manager müssen nun auf digitale Tools zurückgreifen, die die Produktivität und das Engagement verfolgen, ohne jedoch eine Kultur der Überwachung zu schaffen. Das Gleichgewicht ist heikel; der Schwerpunkt sollte auf den Ergebnissen und nicht auf der ständigen Überwachung der Aktivitäten liegen. Diese neue Realität bedeutet auch, dass Manager kreativ darüber nachdenken müssen, wie sie den Zusammenhalt im Team fördern können. Virtuelle Teambuilding-Aktivitäten, regelmäßige Einzelgespräche und eine konsequente Kommunikation über digitale Plattformen können viel dazu beitragen, dass das Team zusammenhält und sich engagiert.

Auch die Führung in einer entfernten Umgebung unterliegt einem Wandel. Die Rolle der Führungskraft, das Team zu inspirieren und zu motivieren, wird noch wichtiger, wenn es nur selten zu persönlichen Kontakten kommt. Die Festlegung einer Vision und die Ausrichtung aller Mitarbeiter auf diese Vision erfordert mehr als nur ein vierteljährliches All-Hands-Meeting. Führungskräfte müssen mit digitalen Kommunikationsmitteln umgehen können, um eine ständige Präsenz in ihren Teams zu gewährleisten. Sie müssen virtuelles Storytelling beherrschen, d. h. sie müssen Erzählungen schaffen, die auch dann noch ankommen und inspirieren, wenn sie über einen Bildschirm vermittelt werden. Darüber hinaus sollten sie sich für eine fernarbeitsfreundliche Kultur einsetzen und den Ton für eine ausgewogene Work-Life-

Balance und asynchrone Kommunikation angeben, die oft integrale Aspekte der Fernarbeit sind.

Es gibt zahlreiche Strategien zur Aufrechterhaltung des Teamzusammenhalts und der Produktivität in einer entfernten Umgebung. Manager können es als vorteilhaft erachten, "Rituale" einzuführen, die die "Watercooler"-Gespräche in einem physischen Büro ersetzen. Dies könnten wöchentliche virtuelle Teamessen, tägliche Stand-ups oder regelmäßige "Frag mich alles"-Sitzungen sein, um eine offene Kommunikation zu fördern. Ebenso könnten Führungskräfte vierteljährliche virtuelle Klausurtagungen einberufen, die sich auf die strategische Planung und die Abstimmung im Team konzentrieren und sowohl geschäftliche als auch unterhaltsame Elemente zur Förderung des Engagements einbeziehen.

Sowohl für Manager als auch für Führungskräfte ist die emotionale Intelligenz in einem entfernten Umfeld unglaublich wichtig. Ein Gespür für die Herausforderungen, mit denen Teammitglieder konfrontiert sein können - wie Isolation, Ablenkung oder Burnout - und ein proaktiver Umgang mit diesen Problemen kann einen großen Unterschied machen. Das kann so einfach sein wie das Versenden eines Care-Pakets, so durchdacht wie die Bereitstellung von Ressourcen für die psychische Gesundheit oder so strategisch wie die Neugestaltung von Arbeitsabläufen, um Ermüdung zu verhindern.

Die Zunahme der Telearbeit ist nicht nur eine logistische Veränderung, sondern ein grundlegender Wandel in der Arbeitsweise von Unternehmen. Manager und Führungskräfte, die die Feinheiten der Telearbeit verstehen und ihren Stil und ihre Strategien entsprechend anpassen können, werden gut positioniert sein, um ihre Teams in dieser neuen Normalität zum Erfolg zu führen.

Kapitel 9: Fallstudien: Praktische Anwendungen von Management und Führung

Im Labyrinth des Organisationsverhaltens und der Organisationsentwicklung reicht die Theorie oft nicht aus, um die komplizierte Realität zu erfassen, mit der Fachleute konfrontiert sind. Wir haben uns mit den nuancierten Merkmalen von Management und Führung befasst, ihre Ähnlichkeiten und Unterschiede analysiert und sogar überlegt, wie sich diese Rollen im digitalen Zeitalter weiterentwickeln. Jetzt kommen wir zum Schnittpunkt von Theorie und Praxis: Fallstudien aus der Praxis, die die komplexe Dynamik und die Herausforderungen von Management und Führung beleuchten. Willkommen zu Kapitel 9, in dem wir von der Abstraktion zur Anwendung übergehen und zeigen, wie die bisher besprochenen Prinzipien in verschiedenen organisatorischen Umgebungen zum Leben erweckt werden.

Der Wert von Fallstudien liegt in ihrer Fähigkeit, komplexe theoretische Konstrukte in nachvollziehbaren Erzählungen zusammenzufassen. Durch diese Erzählungen wird das Abstrakte konkret, und die Leitlinien und Strategien, die wir erörtert haben, können in Aktion gesehen werden, mitsamt den Ergebnissen, die sie hervorbringen. Ob es sich nun um ein Startup-Unternehmen handelt, das vor einer Neuausrichtung steht, um eine gemeinnützige Organisation, die ihre Reichweite vergrößern möchte, oder um ein Regierungsprojekt, das auf Effizienz und Wirkung abzielt - diese Fallstudien sollen einen facettenreichen Einblick geben. Wir werden uns die eingesetzten Management- und Führungsansätze ansehen, die Entscheidungsprozesse unter die Lupe nehmen und die Ergebnisse bewerten, um daraus wertvolle Lehren zu ziehen.

Dieses Kapitel soll mehr sein als nur eine Sammlung von Geschichten; es soll Ihnen helfen, Ihre eigene Herangehensweise an Management und Führung neu zu bewerten. Für jeden Fall werden wir den Kontext, die Herausforderungen, die angewandten Strategien und die erzielten Ergebnisse analysieren. Aber über das "Was" und das "Wie" hinaus werden wir uns auch mit dem "Warum" befassen - mit den zugrunde liegenden Prinzipien, die die Handlungen der beteiligten Personen geleitet haben.

Letztendlich geht es nicht nur darum, die Komplexität und die Herausforderungen, die mit diesen Rollen verbunden sind, zu verstehen, sondern auch darum, Ihnen umsetzbare Erkenntnisse an die Hand zu geben. Ganz gleich, ob Sie eine erfahrene Führungskraft, ein mittlerer Manager oder eine angehende Führungskraft sind, diese Beispiele aus der Praxis bieten wertvolle Lektionen, die Ihnen auf Ihrem eigenen Weg helfen können.

Fallstudie 1: Turnaround in einem Technologieunternehmen

Im schnelllebigen Umfeld des Technologiesektors können Unternehmen schnell in eine prekäre Lage geraten, wenn sie sich nicht anpassen und innovieren. Unsere erste Fallstudie befasst sich mit einem Technologieunternehmen, das am Rande des Scheiterns stand. Es kämpfte mit sinkenden Einnahmen, einer unzufriedenen Belegschaft und einer Produktlinie, die ihren Wettbewerbsvorteil verloren hatte. Der Vorstand, der sich der drohenden Krise bewusst war, holte einen neuen CEO, um die Dinge zu ändern. Dies ist eine fesselnde Geschichte darüber, wie das Zusammenspiel zwischen einem soliden Management und einer inspirierten Führung ein Unternehmen vor dem Abgrund retten und es auf einen neuen Weg zu Wachstum und Nachhaltigkeit bringen kann.

Das betreffende Technologieunternehmen hatte mehrere rote Fahnen, die sofortige Aufmerksamkeit erforderten. Zunächst war da der erodierende Marktanteil; Konkurrenten hatten das Unternehmen in Bereichen überholt, in denen es einst Pionierarbeit geleistet hatte. Als Nächstes war die interne Unternehmenskultur durch eine niedrige Arbeitsmoral und mangelnde Motivation gekennzeichnet, die durch eine schlechte finanzielle Leistung und mangelnde Orientierung noch verstärkt wurde. Der letzte Strohhalm war eine mangelhafte Produktstrategie, die weder auf die Bedürfnisse der Verbraucher abgestimmt noch in der Lage war, neue Technologien effektiv zu nutzen.

Maßnahmen der Geschäftsführung: Strategische Änderungen, Entlassungen, Umstrukturierung

Der neue CEO verschwendete keine Zeit und leitete sofort Veränderungen ein. Der Schwerpunkt lag auf der Stabilisierung, was bedeutete, dass einige harte Entscheidungen wie Entlassungen und die Unterbrechung nicht notwendiger Projekte getroffen werden mussten, um Ressourcen zu sparen. In Absprache mit dem Vorstand, den Stakeholdern und der Geschäftsleitung leitete der CEO einen umfassenden Umstrukturierungsplan ein, der die Überarbeitung der Produktlinie des Unternehmens und eine Neuausrichtung der Marktpositionierung beinhaltete. Auf operativer Ebene wurden die Prozesse gestrafft, um Kosten zu senken, die Effizienz zu steigern und die Reaktionsfähigkeit auf Marktveränderungen zu erhöhen.

Während die Managementmaßnahmen des CEO entscheidend waren, war die Führungsdimension ebenso überzeugend. Der CEO erkannte, dass eine Trendwende ohne das volle Engagement der Belegschaft nicht gelingen konnte, und führte einen offenen Dialog mit den Mitarbeitern auf allen Ebenen. In Town Halls wurde eine neue Vision vorgestellt, die an den ursprünglichen Innovationsgeist des Unternehmens anknüpfte, aber auch an die aktuellen Markterfordernisse angepasst war. Es handelte sich dabei nicht um eine Vision, die von oben vorgegeben wurde, sondern um eine, die gemeinsam entwickelt wurde, wobei die Perspektiven und Vorschläge derjenigen berücksichtigt wurden, die für ihre Umsetzung verantwortlich sein würden.

Um die Arbeitsmoral zu verbessern und einen Kulturwandel einzuleiten, wurden mehrere Initiativen gestartet, darunter Mentorenprogramme, Anerkennungssysteme und berufliche Entwicklungsmöglichkeiten. Der Vorstandsvorsitzende legte großen Wert darauf, sich persönlich für diese Initiativen einzusetzen und damit deren Bedeutung für das gesamte Unternehmen zu signalisieren.

Die Reise des Unternehmens verlief nicht ganz reibungslos, aber mit der Zeit zeigten sich die ersten Erfolge. Der Marktanteil wurde langsam zurückerobert, die Werte für das Mitarbeiterengagement verbesserten sich, und vor allem begann die umstrukturierte Produktlinie an Zugkraft zu gewinnen. Auch die Finanzkennzahlen verbesserten sich und signalisierten eine Rückkehr zur Stabilität und das Versprechen auf zukünftiges Wachstum. Was können wir aus dieser Fallstudie lernen? Zum einen veranschaulicht sie die Stärke der Kombination von effektivem Management und transformativer Führung. Während die Managementmaßnahmen des CEO für die Stabilisierung des Unternehmens und die Festlegung eines neuen Kurses entscheidend waren, waren es die Führungsmaßnahmen, die dem Unternehmen neue Energie und neue Ziele verliehen. Der Fall verdeutlicht auch, dass sich Management und Führung nicht gegenseitig ausschließen, sondern sich gegenseitig ergänzen und, wenn sie geschickt eingesetzt werden, ein Unternehmen auch durch die schwierigsten Umstände steuern können.

Fallstudie 2: Wachstum von Non-Profit-Organisationen

Im krassen Gegensatz zur Tech-Welt arbeiten gemeinnützige Organisationen mit anderen Zielen und Einschränkungen, aber die Notwendigkeit eines kompetenten Managements und einer visionären Führung bleibt gleich. In unserer zweiten Fallstudie richten wir unsere Aufmerksamkeit auf eine gemeinnützige Organisation mit ehrgeizigen Expansionsplänen. Die Organisation, die im Bereich der Bildungsförderung für unterprivilegierte Bevölkerungsgruppen tätig ist, war in Bezug auf ihre Reichweite und Wirkung auf ein Plateau gestoßen. Unter neuer Leitung gelang es der Organisation jedoch nicht nur, zu expandieren, sondern auch die Bindungen zur Gemeinschaft zu stärken und eine langfristige Nachhaltigkeit zu gewährleisten. Dies ist ein Beispiel dafür, wie ein umsichtiges Management in Verbindung mit einer leidenschaftlichen Führung einen echten Unterschied machen kann, selbst wenn die Ressourcen knapp sind.

Diese gemeinnützige Organisation hatte einen guten Start, war aber in letzter Zeit sowohl bei der Mittelbeschaffung als auch bei der Reichweite an ihre Grenzen gestoßen. Die Mission war nobel: Bildungsmöglichkeiten für Gemeinden zu bieten, in denen diese Möglichkeiten begrenzt waren. Allerdings konnten sie nur an einer Handvoll Standorte tätig werden, und ihre Finanzierungsquellen versiegten. Erschwerend kam hinzu, dass die Organisation aus engagierten, aber weitgehend ungeschulten Freiwilligen bestand. Es war klar, dass trotz des großen Engagements ein strukturierterer Ansatz erforderlich war, um die geplante Expansion zum Erfolg zu führen.

Der neue Direktor der Organisation, der sowohl über Erfahrungen im Unternehmens- als auch im Non-Profit-Management verfügte, machte sich sofort an die Ausarbeitung eines Strategieplans. In Kenntnis der finanziellen Zwänge bestand einer der ersten Schritte darin, den Haushaltsplanungsprozess zu überarbeiten, um ihn besser auf die Prioritäten und Bedürfnisse der Organisation abzustimmen. Es wurden neue Protokolle für die Ressourcenzuweisung eingeführt, um sicherzustellen, dass jeder ausgegebene Dollar zu sinnvollen Ergebnissen beiträgt.

Der vielleicht wichtigste Schritt im Management war der Aufbau von Partnerschaften. Der Direktor nutzte bestehende Verbindungen und schloss neue Bündnisse mit lokalen Unternehmen, Bildungseinrichtungen und anderen gemeinnützigen Organisationen. Diese Partnerschaften brachten eine Reihe von Vorteilen mit sich, von finanzieller Unterstützung bis hin zu ehrenamtlichen Mitarbeitern und Sachspenden, die alle zur Erreichung der Ziele der Organisation beitrugen.

Während diese Managementmaßnahmen die Voraussetzungen für die Expansion schufen, waren es die Führungsaktivitäten, die das Wachstum wirklich ankurbelten. Der Direktor investierte erhebliche Anstrengungen in die Einbindung der Gemeinde, veranstaltete regelmäßig offene Foren und hörte sich aktiv die Sorgen und Vorschläge der Gemeindemitglieder an. Dieses Engagement war nicht nur ein Lippenbekenntnis; auf der Grundlage der Rückmeldungen aus der Gemeinde wurden Änderungen vorgenommen, wodurch ein wesentlich partizipativeres und integrativeres Modell entstand.

Der Direktor war geschickt im Umgang mit den Interessengruppen und kommunizierte ständig nicht nur mit der Gemeinde, sondern auch mit Freiwilligen, Mitarbeitern und Partnern. Transparenz und ein offener Dialog trugen dazu bei, eine Atmosphäre des Vertrauens und der gemeinsamen Zielsetzung zu schaffen - wesentliche Eigenschaften für jede gemeinnützige Organisation.

Innerhalb weniger Jahre konnte die gemeinnützige Organisation ihre Reichweite mehr als verdoppeln und ihre Finanzmittel über verschiedene Kanäle, darunter Zuschüsse, Partnerschaften und Spenden aus der Gemeinde, erhöhen. Noch wichtiger ist, dass sich die Qualität der Bildungsprogramme verbesserte, was durch Feedback und verschiedene Erfolgsmetriken belegt wird.

Der Wandel der Organisation ist ein hervorragendes Beispiel dafür, wie Managementfähigkeiten den operativen Rahmen für den Erfolg setzen können, während Führungsfähigkeiten die Menschen für eine gemeinsame Vision inspirieren und mobilisieren können. Es lehrt uns, dass sowohl in einem

Unternehmen als auch in einer gemeinnützigen Einrichtung das Tandem aus solider Verwaltung und inspirierter Führung tatsächlich Berge versetzen kann.

Fallstudie 3: Regierungsprojekt

Die dritte Fallstudie bietet einen interessanten Einblick in den Bereich des öffentlichen Dienstes und konzentriert sich auf ein Regierungsprojekt mit einer Vielzahl von Interessengruppen. Im Gegensatz zum Unternehmens- oder Non-Profit-Sektor stellen staatliche Projekte oft eine Reihe von Herausforderungen dar, darunter regulatorische Einschränkungen, politische Überlegungen und öffentliche Kontrolle.

Bei diesem Projekt ging es um die Modernisierung des öffentlichen Nahverkehrs in einem großen Ballungsgebiet. Dieses längst überfällige Vorhaben erforderte eine umfassende Koordinierung zwischen verschiedenen städtischen Abteilungen, Auftragnehmern und kommunalen Organisationen. Der Umfang und die Komplexität des Projekts verlangten von Anfang an einen tadellosen Managementstandard. Von den Beschaffungsprozessen bis hin zu den Bauzeiten musste alles genauestens koordiniert werden, um kostspielige Verzögerungen und Überschreitungen zu vermeiden. Die Einhaltung einer Reihe von bundesstaatlichen und lokalen Vorschriften war eine weitere kritische Aufgabe, die direkt in den Aufgabenbereich des Managements fiel. Auch wenn das Projekt einige logistische Herausforderungen mit sich brachte, konnten diese durch sorgfältige Planung, effektive Ressourcenzuweisung und kontinuierliche Koordination zwischen den beteiligten Parteien weitgehend bewältigt werden.

Doch gerade in der Führungsebene stieß das Projekt auf seine größten Hindernisse. Das Navigieren durch die Politik der öffentlichen Meinung und den Widerstand der Bürokratie erforderte eine besondere Art von Führung. Der Projektleiter musste sich über den Rahmen des reinen Managements hinauswagen und einen vorausschauenden Ansatz verfolgen, um die verschiedenen Parteien in Einklang zu bringen. Es wurden Gemeindeversammlungen abgehalten, um die Unterstützung der Öffentlichkeit zu gewinnen, und es wurden Beziehungen zu wichtigen Politikern gepflegt, um die notwendige politische Unterstützung zu sichern. Im Laufe des Prozesses wurden langfristige Ziele sorgfältig formuliert, um die Interessen einer Vielzahl von Beteiligten zu berücksichtigen und so eine Dynamik zu erzeugen, die über die Zwänge kurzfristiger politischer Zyklen hinausging.

Das Projekt wurde trotz mehrerer Verzögerungen und Budgetanpassungen letztendlich als Erfolg gewertet. Es modernisierte nicht nur die Verkehrsinfrastruktur der Stadt, sondern führte auch zu mehreren unerwarteten positiven Ergebnissen, darunter die Schaffung neuer Arbeitsplätze und Initiativen zur Gemeindeentwicklung.

Die Lehren, die sich hieraus ziehen lassen, sind vielfältig, unterstreichen aber die unverzichtbare Rolle sowohl des Managements als auch der Führung in einem komplexen Umfeld, in dem viele Interessengruppen beteiligt sind. Während die Managementfähigkeiten entscheidend waren, um sicherzustellen, dass das Projekt logistisch auf Kurs blieb, war es die Führung, die es durch das Labyrinth der politischen und sozialen Komplexität führte. Beides war unerlässlich, um die unzähligen Herausforderungen zu meistern, und ihre effektive Anwendung führte zu einem erfolgreichen Ergebnis, das einem breiten Spektrum von Interessengruppen zugute kam.

Fallstudie 4: Kleine Unternehmen während der Pandemie

Die COVID-19-Pandemie stellte eine existenzielle Herausforderung für Unternehmen aller Größenordnungen dar, aber vielleicht bekam keines die Belastung so stark zu spüren wie kleine Unternehmen. Unsere vierte Fallstudie befasst sich mit einem kleinen Familienrestaurant, das darum kämpfte, sich über Wasser zu halten, als Schließungen und staatliche Gesundheitsvorschriften sein Geschäftsmodell auf den Kopf stellten. Die Herausforderungen waren überwältigend: sinkende Einnahmen, unsichere Mitarbeiter und ein radikal verändertes Geschäftsumfeld.

Auf Seiten der Verwaltung waren Sofortmaßnahmen erforderlich, um die Kosten zu senken und sich an die neue Realität anzupassen. Dazu gehörten die Reduzierung der Betriebszeiten, die Neuverhandlung von Mietverträgen und leider auch die Entlassung einiger Mitarbeiter. Das Unternehmen musste auch schnell Fernarbeitslösungen für das Verwaltungspersonal einführen und auf ein Mitnahme- und Liefermodell umstellen, um die Richtlinien der öffentlichen Gesundheit zu erfüllen. Dies waren schwierige, aber notwendige Managemententscheidungen, um das Unternehmen durch die unmittelbare Krise zu bringen.

Diese Situation erforderte jedoch auch eine außergewöhnliche Führung. Der Geschäftsinhaber übernahm das Ruder im Krisenmanagement, indem er die Herausforderungen transparent darstellte und gleichzeitig das Team motivierte. Anstatt die Krise nur zu managen, führte er seine Mitarbeiter durch die Krise. Dies beinhaltete eine Fülle von Maßnahmen, die von der Überprüfung der psychischen Gesundheit bis zur Bereitstellung von Ressourcen für die Einrichtung von Fernarbeitsplätzen reichten. Dem Eigentümer gelang es auch, bessere Bedingungen mit den Lieferanten auszuhandeln und sogar einen kleinen Geschäftskredit zu erhalten, um den finanziellen Schlag abzufedern. Durch regelmäßige virtuelle Treffen, bei denen jeder seine Bedenken und Vorschläge äußern konnte, wurde das Gemeinschaftsgefühl unter den Mitarbeitern aufrechterhalten. Die einfühlsame und transparente Herangehensweise des Inhabers förderte das Gefühl der Einheit und des gemeinsamen Ziels innerhalb des Teams, was für die Moral in einer solch unsicheren Zeit von entscheidender Bedeutung war.

Das Ergebnis dieser gemeinsamen Anstrengungen war Überleben und Anpassung. Das Unternehmen konnte zwar nicht mehr so arbeiten wie vor der Pandemie, aber es fand neue Wege, um durch Online-Verkäufe und Mitnahmeservices Einnahmen zu erzielen. Außerdem vertiefte es seine Beziehungen zur lokalen Gemeinschaft, indem es sich an Lebensmittelsammlungen und anderen wohltätigen Aktionen beteiligte und so eine Krise in eine Chance für ein stärkeres Engagement in der Gemeinschaft verwandelte.

Die wichtigsten Erkenntnisse aus dieser Fallstudie verdeutlichen die Notwendigkeit sowohl eines starken Managements als auch einer visionären Führung, insbesondere in Krisenzeiten. Während Managementfähigkeiten dem Unternehmen halfen, unmittelbare Hindernisse zu überwinden und praktische Lösungen umzusetzen, war es die Führung, die das Team zusammenhielt und auf langfristige Nachhaltigkeit ausrichtete. Die agile Anpassung an eine noch nie dagewesene Krise zeigte, wie wichtig es ist, beide Rollen effektiv auszubalancieren, um komplexe Herausforderungen zu meistern.

Fallstudie 5: Gesundheitswesen

In unserer fünften Fallstudie befassen wir uns mit einem Gesundheitsdienstleister, der sich mit dem unvermeidlichen, aber komplexen Prozess der Modernisierung auseinandersetzen muss. Das in einem schnell wachsenden Ballungsraum gelegene Krankenhaus hatte mit steigenden Patientenzahlen und einem veralteten Betriebssystem zu kämpfen. Zu den Herausforderungen gehörten veraltete medizinische Aufzeichnungssysteme, ineffiziente Verfahren für den Patientenfluss und ein allgemeiner Mangel an technologischer Akzeptanz, der sowohl die Patientenversorgung als auch die betriebliche Effizienz behinderte.

Im Bereich der Verwaltung lag der Schwerpunkt auf der Rationalisierung der Abläufe und der Einführung von Technologien. Ein elektronisches medizinisches Aufzeichnungssystem wurde eingeführt, um Papierunterlagen zu ersetzen, was sowohl Zeit als auch Ressourcen spart. Veraltete medizinische Geräte wurden aufgerüstet, und die logistischen Abläufe wurden optimiert, um ein höheres Patientenaufkommen effektiver zu bewältigen. Diese Managementmaßnahmen, einschließlich der Budgetierung für die neuen Technologien und der Überwachung der Zeitpläne für ihre Einführung, hatten unmittelbare Auswirkungen auf die betriebliche Effizienz.

Technologische und verfahrenstechnische Änderungen allein reichten jedoch nicht aus; es musste auch das menschliche Element berücksichtigt werden, und hier kam die Führung ins Spiel. Die obersten Führungskräfte und medizinischen Leiter des Gesundheitsdienstleisters ergriffen die Initiative, um sicherzustellen, dass die Mitarbeiter nicht nur über die Veränderungen informiert wurden, sondern aktiv an der Umstellung beteiligt waren. Eine Reihe von Schulungsprogrammen wurde entwickelt, um die Mitarbeiter auf allen Ebenen mit den neuen Systemen vertraut zu machen. Darüber hinaus wurde eine Kultur der kontinuierlichen Verbesserung gefördert, indem die Mitarbeiter ermutigt wurden, Feedback zu geben und Ideen für laufende Verbesserungen einzubringen. Die Führungsmaßnahmen erstreckten sich auch auf die Verbesserung der Beziehungen zu den Patienten, wobei die Krankenhausleitung eine aktive Rolle bei der Einbindung in die Gemeinschaft übernahm, um die sich ständig ändernden Bedürfnisse der von ihr betreuten Patientenpopulation zu verstehen.

Die Ergebnisse dieses ausgewogenen Ansatzes waren wegweisend. Die Patientenversorgung wurde deutlich verbessert, was sich in Umfragen zur Patientenzufriedenheit und einem Rückgang der Behandlungsfehler widerspiegelt. Auch die betriebliche Effizienz wurde gesteigert, was sich in kürzeren Wartezeiten und einer besseren Ressourcenzuweisung niederschlug. Das Krankenhaus war sogar in der Lage, seine Dienstleistungen zu erweitern und neue Arten der Versorgung anzubieten - und das alles bei einer höheren Effizienz als zuvor.

Diese Fallstudie ist ein überzeugendes Beispiel dafür, wie ein effektives Management und eine visionäre Führung Hand in Hand arbeiten können, um bedeutende Veränderungen zu erreichen. Die Rolle des Managements bei der Umsetzung technologischer und betrieblicher Veränderungen war entscheidend für die Erfüllung der unmittelbaren Bedürfnisse des Gesundheitsdienstleisters. Es war jedoch die Führung, die die kulturellen und menschlichen Faktoren steuerte, die letztlich den langfristigen Erfolg des Projekts bestimmten. Beide Rollen waren auf ihre Weise unverzichtbar, doch ihre Koexistenz erwies sich als synergetisch und führte zu Ergebnissen, die keine der beiden Rollen allein hätte erreichen können.

Fallstudie 6: Bildungseinrichtung

In der letzten Fallstudie konzentrieren wir uns auf eine Bildungseinrichtung, die mit rückläufigen Anmeldezahlen zu kämpfen hatte. Die Herausforderung war vielschichtig: Es bewarben sich nicht nur weniger Studenten, sondern auch die akademischen Leistungen der Einrichtung ließen nach, was bei Lehrkräften, Studenten und Alumni Besorgnis auslöste.

Um das unmittelbare Problem der rückläufigen Zahlen anzugehen, ergriff das Management eine zweigleisige Strategie. Erstens wurde eine umfassende Marketingkampagne entwickelt, um potenzielle Studenten anzusprechen und neue Lehrplanentwicklungen und Campuseinrichtungen vorzustellen. Zweitens wurden die Lehrpläne an aktuellere und gefragtere Studienfächer angepasst, in der Hoffnung, dass dies ein breiteres Spektrum an Bewerbern anziehen würde.

Um das Problem an der Wurzel zu packen, bedurfte es einer umfassenderen strategischen Vision, und hier kam die Leitung ins Spiel. Die Leiter der Einrichtung erkannten die Notwendigkeit, sich von der Konkurrenz abzuheben, indem sie einzigartige Bildungserfahrungen anboten, die von den Konkurrenten nicht ohne weiteres nachgeahmt werden konnten. Dazu gehörten die Entwicklung spezialisierter Forschungsprogramme, einzigartige gemeinschaftsbasierte Lernmöglichkeiten und eine Konzentration auf interdisziplinäre Studien. Um diese Neuausrichtung zu unterstützen, wurde auch ein intensives Programm zur Einbindung der Ehemaligen initiiert, das darauf abzielte, die Verbindung zur Gemeinschaft der Einrichtung wiederherzustellen und die finanzielle Unterstützung für diese neuen Initiativen zu fördern.

Die Ergebnisse dieser gemeinsamen Anstrengungen waren vielschichtig. Die Hochschule konnte nicht nur den Rückgang der Studierendenzahlen stoppen, sondern verzeichnete sogar ein leichtes Wachstum im Vergleich zum Vorjahr. Im akademischen Bereich führten neue und innovative Programme zu einem stärkeren Engagement der Studierenden und einem höheren Leistungsniveau, was den Ruf der Einrichtung weiter stärkte. Die Alumni-Gemeinschaft engagierte sich stärker und leistete einen höheren finanziellen Beitrag als in den Vorjahren, wodurch zusätzliche Ressourcen für Forschung und Stipendien zur Verfügung standen.

Diese Fallstudie veranschaulicht, wie Management und Führung, auch wenn sie sich in Funktion und Schwerpunkt unterscheiden, zusammenwirken können, um sowohl unmittelbare als auch langfristige Herausforderungen wirksam anzugehen. Die Rolle des Managements bei der Aktualisierung des Lehrplans und der Umsetzung einer gezielten Marketingstrategie befasste sich mit den dringenden Problemen bei der Einschreibung, während die Leitung die langfristige Vision lieferte, die die Einrichtung in der Bildungslandschaft relevant und wettbewerbsfähig machen würde. Wieder einmal waren die Koexistenz und Zusammenarbeit zwischen Management und Leitung nicht nur vorteilhaft, sondern für den Erfolg unerlässlich, was das Kernthema unterstreicht, das sich durch alle Fallstudien und das gesamte Buch zieht.

Analyse und Synthese über die Fälle hinweg

In diesem Abschnitt zur Analyse und Synthese versuchen wir, die verschiedenen Fäden, die sich durch die sechs unterschiedlichen Fallstudien ziehen, zu verknüpfen. Trotz der Unterschiede in Bezug auf den Sektor, die Größe und die spezifischen Herausforderungen, mit denen sie konfrontiert waren, lassen sich einige gemeinsame Themen erkennen, die sowohl für aktuelle als auch für angehende Manager und Führungskräfte lehrreich sind.

In jedem Fall sind sowohl Managementkompetenzen als auch eine starke Führung erforderlich. Das Management liefert die strukturelle Grundlage und trifft strategische Entscheidungen über Ressourcen, Zeit und Personal, um unmittelbare Probleme zu lösen. Auf der anderen Seite dient die Führung dazu, der Organisation ihre Richtung und ihr Ethos zu geben, indem sie breitere strategische Entscheidungen trifft, die die Institution langfristig prägen. Das Technologieunternehmen brauchte strukturelle Veränderungen ebenso wie eine Verbesserung der Arbeitsmoral, und die Bildungseinrichtung brauchte sowohl einen neuen Marketingansatz als auch eine neue strategische Vision.

Die Fallstudien zeigen, dass die Anwendung von Management und Führung je nach Kontext sehr unterschiedlich sein kann. So waren beispielsweise im Technologie- und Gesundheitssektor die Einführung von Technologien und die Optimierung von Prozessen entscheidende Managementaufgaben, während bei den gemeinnützigen Organisationen und Bildungseinrichtungen das Engagement für die Gemeinschaft und die Stakeholder einen größeren Stellenwert in der Führungsstrategie einnahm.

Jede Fallstudie war mit einer Reihe unvorhergesehener Herausforderungen verbunden - sei es der externe Schock einer Pandemie für das kleine Unternehmen oder die komplexe Politik bei dem Regierungsprojekt. Was jedoch auffällt, ist die Flexibilität und Anpassungsfähigkeit, mit der diese Herausforderungen gemeistert wurden. Das Management musste oft umschwenken - Ressourcen umverteilen, Zeitpläne anpassen oder Strategien im Handumdrehen überarbeiten. Die Führungskräfte mussten durch die Ungewissheit navigieren, die Moral des Teams aufrechterhalten und manchmal sogar langfristige Ziele neu definieren, um sich an eine veränderte Realität anzupassen.

Zusammenfassend lässt sich sagen, dass die Fallstudien die Bedeutung eines ausgewogenen Ansatzes für Management und Führung unterstreichen. Sie verdeutlichen, wie wichtig es für Unternehmen ist, agil und anpassungsfähig zu sein und auf Unvorhergesehenes vorbereitet zu sein. Während Managementfähigkeiten die Voraussetzungen für die Bewältigung unmittelbarer Herausforderungen schaffen, sind es die Führungsqualitäten, die eine Organisation durch den Wandel führen und die Teams zu Höchstleistungen anspornen. Zu erkennen, wann man managen und wann man führen sollte, ist nicht nur eine Fähigkeit, sondern eine Kunst, die einen erheblichen Einfluss auf den Erfolg oder Misserfolg eines jeden Unternehmens haben kann.

Wichtigste Erkenntnisse

Die wichtigsten Erkenntnisse aus diesen Fallstudien bieten eine Fülle praktischer Einsichten für jeden, der seine Management- oder Führungsfähigkeiten verbessern möchte, oder für Unternehmen, die ihre Teams stärken wollen. Hier sind einige übergreifende Erkenntnisse:

- Ausgewogenheit ist unerlässlich: Eine effektive Organisation braucht sowohl ein starkes Management, das sich um die

Logistik, die Ressourcen und das Tagesgeschäft kümmert, als auch eine inspirierende Führung, die die Vision vorgibt, das Team motiviert und den langfristigen Kurs steuert. Ein Mangel in einem der beiden Bereiche kann zu organisatorischen Unzulänglichkeiten oder sogar zum Scheitern führen.

- Der Kontext ist wichtig: Die Fallstudien zeigen, dass Management und Führung keine Einheitslösungen sind. Der Sektor, die Größe und die spezifischen Herausforderungen, mit denen eine Organisation konfrontiert ist, können bestimmen, welche Fähigkeiten zu einem bestimmten Zeitpunkt am wichtigsten sind. Wenn Sie sich auf die besonderen Bedürfnisse Ihrer Organisation oder Ihres Projekts einstellen, kann das den Unterschied ausmachen.

- Anpassungsfähigkeit ist der Schlüssel: In einem sich ständig verändernden Umfeld ist die Fähigkeit, sich anzupassen, von unschätzbarem Wert. Herausforderungen, ob vorhergesehen oder nicht, werden unweigerlich auftreten. Die Art und Weise, wie diese gemeistert werden, kann erhebliche Auswirkungen auf den Ausgang eines Projekts oder das Wohlergehen einer Organisation haben.

- Einsatz von Technologie: Wie die Beispiele aus dem Gesundheitswesen und dem Technologiesektor zeigen, ist es keine Option, mit dem technologischen Fortschritt Schritt zu halten. Sowohl Führungskräfte als auch Manager müssen sich digitale Tools zu eigen machen, nicht nur um die Effizienz zu steigern, sondern auch um wettbewerbsfähig zu bleiben.

- Das menschliche Element: Ob es sich um ein kleines Unternehmen handelt, das mit einer Pandemie zu kämpfen hat, oder um ein umfangreiches Regierungsprojekt, das menschliche Element ist nach wie vor entscheidend. Führungskräfte und Manager müssen sich nicht nur auf die Strategie und die Ressourcen konzentrieren, sondern auch auf die Moral, das Wohlbefinden und die berufliche Entwicklung ihrer Teams.

Wenn Sie über die Entwicklung Ihrer eigenen Karriere oder die Bedürfnisse Ihres Unternehmens nachdenken, bieten Ihnen diese Erkenntnisse einen Rahmen. Diejenigen, die eine Führungsposition innehaben, sollten sich überlegen, wie sie ebenfalls Führungsqualitäten verkörpern können, um ihr Team zu inspirieren und einen dauerhaften positiven Wandel zu bewirken. Wenn Sie eine Führungsposition innehaben, sollten Sie nicht übersehen, wie wichtig gute Managementpraktiken sind, um das Schiff stabil zu halten.

Schlussfolgerung: Die Zukunft von Führung und Management

Im letzten Kapitel dieser umfassenden Erkundung der komplexen Welt der Führung und des Managements lohnt es sich, innezuhalten und über das umfangreiche Thema nachzudenken, das wir behandelt haben. Von den Ursprüngen und der Entwicklung der Führung bis hin zu den modernen Implikationen des Managements und der Führung im digitalen Zeitalter haben wir uns mit den verschiedenen Facetten befasst, die diese wichtigen organisatorischen Rollen definieren und voneinander unterscheiden. Dieses abschließende Kapitel dient nicht nur als Epilog, sondern auch als Blick in die Zukunft. Es wirft einen Blick auf die sich rasch entwickelnden Landschaften von Wirtschaft, Technologie und Gesellschaft, um zu erahnen, was die Zukunft für Führung und Management bereithalten könnte.

Das Tempo des Wandels ist unerbittlich. Globalisierung, technologischer Fortschritt, demografischer Wandel und eine stärkere Betonung der sozialen Verantwortung von Unternehmen sind nur einige der dynamischen Kräfte, die den Bereich der Führung und des Managements formen. Auf dem Weg ins 21. Jahrhundert werden diese Rollen noch komplexer und interdependenter werden, was neue Fähigkeiten, Perspektiven und Strategien erfordert. Der Wandel ist so tiefgreifend, dass das, was noch vor einem Jahrzehnt als bewährte Praxis galt, heute als veraltet gelten könnte. Und da wir uns mit einer zunehmend vernetzten Welt auseinandersetzen, die ihre eigenen Chancen und Herausforderungen mit sich bringt, ist der Bedarf an versierten Führungskräften und Managern, die sich nicht nur an den Wandel anpassen, sondern ihn auch vorantreiben können, noch nie so groß gewesen.

In den folgenden Kapiteln gehen wir auf diese entscheidenden Veränderungen ein und helfen Ihnen, sich auf eine Zukunft vorzubereiten, die ebenso herausfordernd wie aufregend sein wird. Ganz gleich, ob Sie eine angehende Führungskraft, ein erfahrener Manager oder ein Wissenschaftler sind, der sich für die Dynamik des Unternehmenserfolgs interessiert, dieses Kapitel wird Ihnen ein differenziertes Verständnis dessen vermitteln, was vor Ihnen liegt. Wir werden die neuesten Trends analysieren, über ihre Auswirkungen nachdenken und umsetzbare Erkenntnisse darüber liefern, wie sich sowohl Einzelpersonen als auch Organisationen am besten für die unsicheren, aber vielversprechenden kommenden Jahre positionieren können.

Indem wir diesen Blick in die Zukunft richten, wollen wir eine Brücke zwischen Theorie und Praxis, zwischen Wissenschaft und Praxis, zwischen Vergangenheit und Zukunft schlagen. Dadurch hoffen wir, Sie nicht nur zum Verstehen, sondern auch zum Handeln anzuregen und Sie dazu zu bewegen, das Gelernte auf innovative und wirkungsvolle Weise anzuwenden. Schließlich ist die Zukunft der Führung und des Managements kein ferner Bereich, der aus der Ferne diskutiert und beobachtet werden kann, sondern ein lebendiges, sich entwickelndes Gebilde, das wir alle mitgestalten können. Lassen Sie uns also diese letzte Etappe unserer Reise mit Blick auf die Chancen und Möglichkeiten, die uns erwarten, antreten.

Die Auswirkungen der Globalisierung

Die Globalisierung hat die Art und Weise, wie Unternehmen arbeiten, erheblich verändert, und ihre Auswirkungen auf Führung und Management sind tiefgreifend. In einer Welt, in der die Märkte immer stärker miteinander verflochten sind, müssen sich Führungskräfte und Manager mit einer Vielzahl komplexer Probleme auseinandersetzen - von der Bewältigung unterschiedlicher kultureller Normen und Erwartungen bis hin zur Leitung geografisch verstreuter Teams. Die vernetzte globale Wirtschaft bedeutet, dass Ereignisse in einem Teil der Welt in einem anderen nachhallen können, was ein Maß an globalem

Bewusstsein und Reaktionsfähigkeit erfordert, das in früheren Zeiten nicht so dringend war.

Die globale Reichweite wirkt sich auch auf die strategische Planung aus. Führungskräfte sind heute dafür verantwortlich, ihre Organisationen durch nationale und internationale Chancen und Herausforderungen zu steuern. Globale Markttrends, handelspolitische Maßnahmen und internationale Vorschriften sind zu wichtigen Faktoren geworden, wenn es um die Ausrichtung des Unternehmens geht. Auch die Manager sind gefordert, diese Strategien auf globaler Ebene umzusetzen und ihre Bemühungen über verschiedene Zeitzonen, Sprachen und kulturelle Kontexte hinweg zu koordinieren. Die Personalverwaltung ist ein weiterer Bereich, der von der Globalisierung stark betroffen ist. Das Streben nach Vielfalt und Integration am Arbeitsplatz ist teilweise eine Reaktion auf die Globalisierung und spiegelt den Bedarf an einer Belegschaft wider, die einen breiteren Kundenstamm und eine Vielzahl von Perspektiven widerspiegelt.

Im Zuge der zunehmenden Globalisierung entwickeln sich die für eine effektive Führung und Verwaltung erforderlichen Fähigkeiten weiter. Emotionale Intelligenz, kulturelle Sensibilität und die Fähigkeit zu systemischem Denken werden zunehmend geschätzt. Für Manager werden Kenntnisse in kulturübergreifender Kommunikation und virtuellem Teammanagement zu wesentlichen Fähigkeiten. Sowohl Führungskräfte als auch Manager müssen auch im Change Management versiert sein, da sich das Tempo der Veränderungen im globalen Geschäftsumfeld weiter beschleunigt.

Die Globalisierung ist also nicht nur ein externer Trend, auf den Unternehmen reagieren müssen, sondern eine dynamische Kraft, die die Rolle von Führungskräften und Managern aktiv umgestaltet. Diejenigen, die sich an diese Entwicklung anpassen können, sind besser in der Lage, ihre Unternehmen zum Erfolg in der globalen Arena zu führen und die Chancen zu nutzen, die sich daraus ergeben, und gleichzeitig die Herausforderungen zu bewältigen.

Technologischer Fortschritt und seine Auswirkungen

Auf dem Weg ins 21. Jahrhundert haben technologische Fortschritte wie Künstliche Intelligenz (KI), Big Data und das Internet der Dinge (IoT) tiefgreifende Auswirkungen auf Führungs- und Managementaufgaben. Diese Technologien sind nicht nur Werkzeuge zur Automatisierung oder Effizienzsteigerung; sie sind Katalysatoren, die organisatorische Paradigmen und die Art der Arbeit selbst erheblich verändern.

Nehmen Sie zum Beispiel KI. Ihre Rolle in Entscheidungsprozessen kann gar nicht hoch genug eingeschätzt werden. Wo sich Führungskräfte früher auf ihren Instinkt und ihre Erfahrung verließen, um strategische Entscheidungen zu treffen, bietet KI datengestützte Erkenntnisse, die die Ausrichtung eines Unternehmens tiefgreifend beeinflussen können. Dies wirft neue Fragen über die Rolle der menschlichen Intuition und des Urteilsvermögens auf, da Führungskräfte zunehmend ihre Instinkte mit algorithmischen Empfehlungen in Einklang bringen müssen. Auch die Rolle von Managern wird sich verändern. KI kann Routineaufgaben übernehmen, so dass sich Manager auf komplexere Aufgaben wie Mitarbeiterentwicklung und Strategieumsetzung konzentrieren können. Dies bedeutet jedoch auch, dass Manager verstehen müssen, wie diese Algorithmen funktionieren, um sicherzustellen, dass sie mit den Unternehmenszielen und ethischen Überlegungen übereinstimmen.

Big Data hat ebenfalls enorme Auswirkungen. Die Möglichkeit, riesige Datenmengen zu sammeln und zu analysieren, kann die Marktanalyse, die Kundenbindung und die internen Entscheidungsprozesse grundlegend verändern. Führungskräfte müssen die weitreichenden Auswirkungen von Big Data begreifen und sie in ihre Vision für die Zukunft des Unternehmens einbeziehen. Manager werden mit der Umsetzung datengesteuerter Strategien betraut, was eine Vertrautheit mit Datenanalysetools und -techniken erfordert. Die potenzielle Kehrseite ist das Risiko einer "Analyseparalyse", bei der die schiere Datenmenge die Entscheidungsfähigkeit überfordert, wodurch die Rolle von Führungskräften und Managern bei der Synthese und sinnvollen Nutzung von Daten noch wichtiger wird.

Das Internet der Dinge (IoT) fügt diesem technologischen Wandel eine weitere Ebene hinzu. Mit Geräten, die ständig Daten sammeln, haben Unternehmen einen nie dagewesenen Zugang zu Echtzeitinformationen. Dies kann sowohl für Führungskräfte als auch für Manager ein Segen sein, da sie in Echtzeit Einblicke in die betriebliche Effizienz, das Kundenverhalten und Markttrends erhalten. Allerdings erfordert dies auch ein neues Maß an technischer Kompetenz, da diese Führungskräfte und Manager wissen müssen, wie sie das IoT effektiv nutzen können.

Der technologische Fortschritt wird wahrscheinlich auch zu erheblichen Veränderungen in der Teamdynamik und den Organisationsstrukturen führen. Das hierarchiebasierte Modell könnte fließenden, projektbasierten Strukturen weichen, die durch Technologien ermöglicht werden, die eine stärker verteilte, aber dennoch vernetzte Arbeitsumgebung schaffen. Die Führung in diesem Umfeld wird sich darauf konzentrieren müssen, eine Kultur des kontinuierlichen Lernens und der Anpassungsfähigkeit zu fördern. Managementaufgaben werden zunehmend darin bestehen, die Teamarbeit in einem Netz miteinander verbundener Rollen und Verantwortlichkeiten zu koordinieren, von denen viele automatisiert oder datengesteuert sein können.

Zusammenfassend lässt sich sagen, dass der technologische Fortschritt nicht nur die Zukunft gestaltet, sondern auch die Rollen und Anforderungen an Führung und Management aktiv verändert.

Die Anpassung an diese neue Landschaft ist nicht optional, sondern für den Erfolg und die Nachhaltigkeit von Organisationen im digitalen Zeitalter unerlässlich.

Die Natur der Arbeit im Wandel

Die Zukunft der Arbeit unterliegt seismischen Verschiebungen, die durch Faktoren wie den Anstieg der Telearbeit, der Freiberuflichkeit und der Gig-Economy beeinflusst werden. Diese Trends stellen nicht nur die traditionellen Vorstellungen von einem "Arbeitsplatz" in Frage, sondern haben auch erhebliche Auswirkungen auf Führungs- und Managementaufgaben.

Die plötzliche Verbreitung der Telearbeit, die durch globale Ereignisse wie die COVID-19-Pandemie noch beschleunigt wurde, ist ein Lackmustest für Führungskräfte und Manager. Führungskräfte müssen neue Wege finden, um Teams zu inspirieren, eine kohärente Unternehmenskultur aufrechtzuerhalten und eine Vision zu formulieren, die über digitale Plattformen hinweg Resonanz findet. Vorbei sind die Zeiten, in denen die physische Präsenz einer Führungskraft in einem Büro ausreichte, um Einfluss zu nehmen und Autorität zu wahren. Heute gehören digitale Kompetenz, die Beherrschung von Fernkommunikationstools und die Fähigkeit, Beziehungen in einer virtuellen Umgebung aufzubauen, zum Rüstzeug.

Ebenso stehen Manager, die Remote-Teams beaufsichtigen, vor anderen Herausforderungen als in einer persönlichen Umgebung. Fernarbeit erfordert eine Verlagerung von der Beaufsichtigung zur Befähigung, da Mikromanagement in einer entfernten Umgebung nicht nur weniger machbar, sondern auch weniger effektiv ist. Manager müssen nun in der Lage sein, klare Erwartungen zu formulieren, Leistungsindikatoren zu verwenden, die für die Arbeit an entfernten Standorten geeignet sind, und ein Gefühl der Verantwortlichkeit zu fördern, ohne den Überhang einer ständigen Überwachung.

Die Zunahme der Freiberuflichkeit und der Gig-Economy verkompliziert diese Dynamik noch weiter. Traditionelle Managementansätze beruhen oft auf langfristigen Beziehungen und einem tiefgreifenden Verständnis der Teammitglieder, was bei der Arbeit mit Freiberuflern oder kurzfristigen Auftragnehmern nicht immer möglich ist. Manager müssen ihre Fähigkeiten anpassen, um eine bessere Kommunikation im Vorfeld, klar definierte Projektumfänge und die Fähigkeit, kurzfristige Teammitglieder mit den übergeordneten Zielen des Unternehmens in Einklang zu bringen, zu gewährleisten.

Auch die Führung muss sich in der Gig-Economy-Landschaft weiterentwickeln. Eine zentrale Herausforderung besteht darin, bei einer sich ständig verändernden Belegschaft ein Gefühl der Loyalität und Kohärenz zu erzeugen. Hier wird die Rolle der Führungskraft beim Aufbau einer starken, attraktiven Unternehmenskultur noch wichtiger. Der Schwerpunkt verlagert sich auf die Schaffung eines Umfelds, in dem sich Gigworker, Freiberufler und Festangestellte gleichermaßen engagiert fühlen, auch wenn ihr Engagement für das Unternehmen unterschiedlich lang und intensiv ist.

Da Teams immer vielfältiger und geografisch verteilter werden, müssen Führungskräfte und Manager zunehmend auf interkulturelle Aspekte achten. Dadurch werden Kommunikation, Teamdynamik und Entscheidungsprozesse noch komplexer.

Der Wandel der Arbeitswelt erfordert ein neues Paradigma für Führung und Management. Es ist eine Landschaft, in der Agilität, emotionale Intelligenz, digitale Kompetenz und eine globale Denkweise nicht mehr nur Schlagworte, sondern wesentliche Kompetenzen sind. Unternehmen, die diese Veränderungen schnell erkennen und sich darauf einstellen, werden in dieser neuen Ära der Arbeit wahrscheinlich erfolgreich sein.

Unternehmensethik und soziale Verantwortung in der Entwicklung

Die Unternehmenslandschaft wird auch immer stärker auf Fragen der sozialen Verantwortung der Unternehmen (CSR) und der ethischen Unternehmensführung ausgerichtet. Dies ist nicht nur eine Modeerscheinung oder ein "Nice-to-have", sondern eine wesentliche Facette des modernen Geschäftslebens, die tiefgreifende Auswirkungen sowohl auf die Führungs- als auch auf die Managementaufgaben hat.

Führungskräfte werden nicht mehr nur auf der Grundlage kurzfristiger Rentabilität beurteilt, sondern zunehmend für die langfristigen Auswirkungen ihrer Entscheidungen auf Gesellschaft und Umwelt verantwortlich gemacht. Dies ist eine komplexe, vielschichtige Aufgabe, bei der es darum geht, die Interessen verschiedener Stakeholder, darunter Mitarbeiter, Kunden, Investoren und die breitere Öffentlichkeit, in Einklang zu bringen. Sie erfordert eine ethische Führung, die Wert auf Transparenz, Nachhaltigkeit und soziale Gerechtigkeit legt. Von Unternehmensleitern wird erwartet, dass sie diese Werte in ihren strategischen Entscheidungen verkörpern, von der Auswahl nachhaltiger Lieferanten bis zur Umsetzung von Maßnahmen zur Förderung von Vielfalt und Integration.

Diese Verlagerung hin zu gewissenhafteren Geschäftspraktiken verändert auch die Spielregeln für Manager. Es reicht nicht mehr aus, Leistungskennzahlen in einem Vakuum zu erfüllen. Von Managern wird nun erwartet, dass sie ihre Ziele im Rahmen ethischer Überlegungen und sozialer Verantwortung erreichen. Dies könnte bedeuten, dass sie die faire Behandlung von Mitarbeitern sicherstellen, Datenschutzstandards einhalten oder Ressourcen umweltfreundlich verwalten. Darüber hinaus kommt den Managern eine entscheidende Rolle bei der Einbettung dieser Grundsätze in das Tagesgeschäft des Unternehmens zu. Sie fungieren als Bindeglied zwischen den visionären Idealen der

Unternehmensführung und den praktischen Gegebenheiten des Geschäftsbetriebs.

Die Fokussierung auf CSR und Ethik bedeutet oft, dass Unternehmen mehr als je zuvor unter die Lupe genommen werden. In diesem digitalen Zeitalter kann jeder Lapsus im ethischen Verhalten schnell aufgedeckt werden und nachhaltige Auswirkungen auf den Ruf des Unternehmens haben. Daher sind ethisches Verhalten und soziale Verantwortung nicht nur moralische Gebote, sondern auch geschäftliche Gebote, die von Führungskräften und Managern mit Bedacht umgesetzt werden müssen.

Die Ausrichtung der Unternehmensziele an ethischer und sozialer Verantwortung ist nicht nur eine von oben verordnete Aufgabe der Führungskräfte. Sie sollte in das Gefüge der Unternehmenskultur eingewoben sein, sich in den von den Managern festgelegten KPIs widerspiegeln und im Ethos der Teams im gesamten Unternehmen verankert sein. Mit diesem umfassenden Ansatz wird sichergestellt, dass die Konzentration auf das Gute nicht nur ein Nebenprojekt ist, sondern ein integraler Bestandteil der Geschäftsabläufe.

Die Entwicklung der Unternehmensethik und der sozialen Verantwortung bringt neue Ebenen der Komplexität und Nuancen für die Rollen von Führungskräften und Managern gleichermaßen mit sich. Unternehmen, denen es gelingt, diese Elemente zu integrieren, werden nicht nur in Bezug auf ihren Ruf und ihre Kundentreue profitieren, sondern auch besser gerüstet sein, um Top-Talente anzuziehen und zu halten, die zunehmend für Unternehmen arbeiten wollen, die mit ihren eigenen Werten übereinstimmen.

Nachhaltigkeit und Umweltaspekte

In einer Welt, die mit dem Klimawandel, der Erschöpfung der Ressourcen und der Umweltzerstörung zu kämpfen hat, ist die Nachhaltigkeit von der Peripherie ins Zentrum der Unternehmensstrategie gerückt. Sie ist nicht mehr nur ein Schlagwort oder ein Anhängsel des Jahresberichts, sondern ein entscheidender Faktor, der die Entscheidungsfindung auf allen Ebenen beeinflusst. Diese transformative Betonung der Nachhaltigkeit erfordert eine entsprechende Verschiebung der Rollen und Verantwortlichkeiten von Führungskräften und Managern.

Von Führungskräften wird zunehmend erwartet, dass sie sich für Nachhaltigkeit einsetzen und die Vision und die strategische Ausrichtung des Unternehmens in einer ökologisch verantwortungsvollen Weise vorantreiben. Ihr Aufgabenbereich geht über die konventionellen Kennzahlen von Gewinn und Verlust hinaus und umfasst eine breitere "Triple Bottom Line", die soziale und ökologische Auswirkungen berücksichtigt. Führungskräfte sind dafür verantwortlich, Partnerschaften mit nachhaltigen Lieferanten zu fördern, langfristige Investitionen in umweltfreundliche Technologien zu tätigen und Initiativen zu ergreifen, die den ökologischen Fußabdruck des Unternehmens verkleinern. Dazu kann auch die Lobbyarbeit für umweltfreundliche Strategien und Praktiken gehören, und zwar nicht nur innerhalb des Unternehmens, sondern auch in der gesamten Branche und in der Gesellschaft.

Während die Führungskräfte den strategischen Kurs vorgeben, sind es die Manager, die die Nachhaltigkeit im Unternehmen umsetzen müssen. Die Aufgabe eines Managers hat sich dahingehend erweitert, dass er die effiziente Nutzung von Ressourcen überwacht, Abfälle minimiert und die Einführung nachhaltiger Technologien fördert. Dies kann sich ganz praktisch äußern, z. B. in der Optimierung der Lieferkettenlogistik im Hinblick auf geringere Kohlenstoffemissionen, in der Umsetzung von Recyclingprogrammen oder in der Umstellung auf erneuerbare Energiequellen für den Betrieb. Darüber hinaus müssen die Manager ihre Teams über die Nachhaltigkeitsziele auf dem Laufenden halten und diese in die Leistungskennzahlen und das Tagesgeschäft einbeziehen.

In diesem Zusammenhang werden Manager zu Vermittlern von nachhaltigen Praktiken. Wenn zum Beispiel ein Unternehmensleiter ankündigt, bis zu einem bestimmten Datum klimaneutral zu werden, sind es die Manager, die dieses große strategische Ziel in umsetzbare Aufgaben herunterbrechen. Sie ermitteln die spezifischen Änderungen, die in den einzelnen Abteilungen erforderlich sind, beschaffen die notwendigen Ressourcen und führen Überwachungssysteme ein, um den Fortschritt zu verfolgen.

Nachhaltigkeitsaspekte können auch erfordern, dass Manager und Führungskräfte enger mit einem breiteren Spektrum von Interessengruppen zusammenarbeiten, einschließlich kommunaler Organisationen, Umweltexperten und sogar Konkurrenten. Dieser Multi-Stakeholder-Ansatz führt oft zu innovativeren und umfassenderen Lösungen, erfordert aber auch geschicktes Kommunikations- und Verhandlungsgeschick.

Durch die Betonung der Nachhaltigkeit wird neu definiert, wie effektive Führung und Management aussehen, und ökologische Verantwortung wird in die DNA dieser Rollen eingebettet. Organisationen, die sich an dieses neue Paradigma anpassen, werden nicht nur einen positiven Beitrag zum Umweltschutz leisten, sondern auch Vorteile in Bezug auf die betriebliche Effizienz, die Beziehungen zu den Stakeholdern und die langfristige Rentabilität erzielen.

Ausbildung von Führungskräften und Management

Die zunehmende Komplexität der Geschäftswelt, die durch Faktoren wie Globalisierung, technologische Fortschritte und eine verstärkte Konzentration auf Nachhaltigkeit und Ethik noch beschleunigt wird, hat zu Veränderungen bei den Erwartungen an Führungskräfte und Manager geführt. Infolgedessen gibt es eine spürbare Verschiebung in den Lehrplänen und Schulungsprogrammen, die die nächste Generation von Führungskräften und Managern ausbilden sollen.

Die Managementausbildung, die oft in MBA-Programmen untergebracht ist, konzentrierte sich in erster Linie auf die Vermittlung von Fachkenntnissen in den Bereichen Finanzen, Marketing und operatives Management. Die Ausbildung von Führungskräften hingegen war oft eher ätherisch und konzentrierte sich auf Eigenschaften wie Vision, Inspiration und Charisma. Heutige Programme vermischen diese beiden Eigenschaften jedoch zunehmend und erkennen an, dass eine gut ausgebildete Führungskraft sowohl ein kompetenter Manager als auch eine inspirierende Führungspersönlichkeit sein sollte. Kurse zu ethischer Unternehmensführung, sozialer Verantwortung von Unternehmen und Nachhaltigkeit sind zu festen Bestandteilen geworden und spiegeln die neuen Bereiche wider, in denen von Führungskräften und Managern Kompetenz erwartet wird.

Soft Skills wie emotionale Intelligenz, Anpassungsfähigkeit und interkulturelle Kompetenz gewinnen in den Bildungseinrichtungen zunehmend an Bedeutung. Diese Fähigkeiten sind unerlässlich, um sich in den vielfältigen, sich schnell verändernden Umgebungen, in denen moderne Unternehmen arbeiten, zurechtzufinden. Simulationsübungen, reale Fallstudien und erfahrungsbasierte Lernmöglichkeiten werden in die Lehrpläne integriert, um praktische Erfahrungen zu vermitteln und den Studierenden zu helfen, die praktischen Auswirkungen ihrer Entscheidungen zu verstehen.

Auch das Konzept des lebenslangen Lernens hat in dieser Zeit eine neue Bedeutung erlangt. Das Tempo, in dem neue Technologien und Methoden eingeführt werden, hat sich derart beschleunigt, dass Fähigkeiten innerhalb weniger Jahre veraltet sein können. Daher liegt die Verantwortung, auf dem neuesten Stand zu bleiben, jetzt sowohl beim Einzelnen als auch beim Unternehmen, dem er angehört. Viele Unternehmen führen fortlaufende Schulungsprogramme ein und bieten Möglichkeiten zur Weiterbildung und Umschulung an, um sicherzustellen, dass ihre Mitarbeiter auf dem neuesten Stand bleiben. Diese können von Workshops über die neueste Projektmanagement-Software bis hin zu Schulungsprogrammen für Führungskräfte reichen, die sich auf die Leitung von Teams an entfernten Standorten oder mit kultureller Vielfalt konzentrieren.

Auch Online-Kurse, Webinare und Zertifikatsprogramme haben sich stark verbreitet und erleichtern den Zugang zu Weiterbildungsmaßnahmen. In diesem digitalen Zeitalter wurden die Hürden für die kontinuierliche Weiterentwicklung von Fähigkeiten erheblich gesenkt, was einen demokratischeren Zugang zu Bildungsressourcen ermöglicht. Das Stigma, das Online- oder alternativen Bildungsformen anhaftet, löst sich schnell auf, da die Arbeitgeber das proaktive Engagement für die persönliche und berufliche Entwicklung, das solche Bemühungen zeigen, zu schätzen wissen.

Die Veränderungen in der Führungs- und Managementlandschaft spiegeln sich auch in den Bildungs- und Ausbildungsparadigmen wider. Die Lehrpläne entwickeln sich dahingehend, dass sie hybride Führungspersönlichkeiten hervorbringen, die mit einer Mischung aus Hard- und Soft Skills, technischem Scharfsinn und einem tief verwurzelten Sinn für Ethik und Nachhaltigkeit ausgestattet sind. Der Schwerpunkt verlagert sich von der einfachen Vorbereitung der Studierenden auf die heutige Welt hin zur Befähigung, die Organisationen der Zukunft effektiv zu führen und zu verwalten.

Die Rolle von Frauen und Minderheiten in Führungspositionen und im Management

Der Dialog über die Rolle von Frauen und Minderheiten in Führungs- und Managementpositionen gewinnt zunehmend an Dynamik, was sowohl auf die gesellschaftlichen Erwartungen als auch auf die Anerkennung der greifbaren Vorteile zurückzuführen ist, die sich aus einer vielfältigen Führung ergeben. Trotz aller Fortschritte sind Frauen und ethnische Minderheiten in Spitzenpositionen in verschiedenen Branchen immer noch unterrepräsentiert. Es gibt jedoch immer mehr Belege für die finanziellen und strategischen Vorteile eines vielfältigen Führungsteams, was zu verstärkten Bemühungen um eine ausgewogene Vertretung führt.

Die aktuellen Trends zeigen einen langsamen, aber stetigen Anstieg der Anzahl von Frauen und Minderheiten in Management- und Führungspositionen. Viele Unternehmen haben damit begonnen, Diversitätsziele festzulegen und messen und berichten aktiv über ihre Diversitätskennzahlen. Sogar Risikokapitalfirmen und Aktionäre beginnen, Druck auf die Unternehmen auszuüben, um eine größere Vielfalt auf Vorstands- und Führungsebene zu erreichen. Zukunftsprognosen deuten darauf hin, dass wir in den kommenden Jahrzehnten eine ausgewogenere Repräsentation erleben werden, wenn sich das derzeitige Tempo der Veränderungen fortsetzt, obwohl es einen Konsens darüber gibt, dass das Tempo der Veränderungen beschleunigt werden muss.

Die Schaffung eines Umfelds, das Vielfalt und Integration fördert, geht über Quoten oder positive Maßnahmen hinaus. Es beginnt mit der Kultivierung einer Unternehmenskultur, die unterschiedliche Perspektiven und Hintergründe wertschätzt. Schulungen zu Vorurteilen, Mentorenprogramme, die auf unterrepräsentierte Gruppen zugeschnitten sind, und die Schaffung von Kanälen zur Meldung von diskriminierendem Verhalten sind einige Methoden, die sich als wirksam erweisen können. Entscheidend ist jedoch, dass diese Initiativen nicht einfach nur als "Kontrollkästchen" dienen, sondern tief in die

Werte und langfristigen Strategien des Unternehmens integriert sind. Die Unternehmen müssen sich auch bemühen, systembedingte Hindernisse zu beseitigen, die den beruflichen Aufstieg von Frauen und Minderheiten behindern. So kann beispielsweise das Angebot flexibler Arbeitsregelungen es Frauen erleichtern, Arbeit und familiäre Verpflichtungen zu vereinbaren, was wiederum die Bindung an das Unternehmen und den beruflichen Aufstieg fördert.

Darüber hinaus kann die Rolle der Führung bei der Förderung der Vielfalt nicht hoch genug eingeschätzt werden. Führungskräfte müssen sich der Vielfalt verpflichtet fühlen und sollten für die Erreichung der Ziele in Bezug auf Vielfalt und Integration verantwortlich gemacht werden. Sie haben die Macht, den Ton für die Unternehmenskultur anzugeben und können durch ihre Vorbildfunktion den Wandel inspirieren. In Unternehmen, in denen sich die Führungsebene aktiv an Initiativen zur Förderung der Vielfalt beteiligt, sind häufig deutlichere Verbesserungen zu verzeichnen als in Unternehmen, in denen solche Initiativen allein der Personalabteilung überlassen werden.

In Zukunft, wenn Organisationen globaler und vernetzter werden, wird die Fähigkeit, vielfältige Teams zu führen und zu managen, noch wichtiger werden. Zu geschlechtsspezifischer und ethnischer Vielfalt werden wahrscheinlich noch andere Dimensionen der Vielfalt hinzukommen, wie z. B. die neurodynamische Vielfalt, und von den Unternehmen wird erwartet, dass sie ihre Eingliederungsbemühungen entsprechend anpassen und ausweiten.

Die Rolle von Frauen und Minderheiten in Führungspositionen und im Management befindet sich im Umbruch. Es wächst das Bewusstsein, dass Vielfalt nicht nur eine moralische Verpflichtung, sondern auch ein wirtschaftliches Gebot ist. Die Unternehmen unternehmen verschiedene Schritte zur Förderung von Vielfalt und Integration, aber es bleibt noch viel zu tun. Die

Fortschritte, die in den kommenden Jahren erzielt werden, werden ein aussagekräftiger Indikator dafür sein, wie tief diese Werte in die Struktur der Unternehmenskultur integriert sind.

Vorbereitung auf eine unvorhersehbare Zukunft

In einem Zeitalter, das durch rasanten technologischen Fortschritt, geopolitische Veränderungen und ökologische Unsicherheiten gekennzeichnet ist, war der Bedarf an Widerstandsfähigkeit und Anpassungsfähigkeit in Führung und Management noch nie so groß wie heute. Die Realität ist, dass sich die Unternehmenslandschaft nicht nur verändert, sondern auch immer unbeständiger und unvorhersehbarer wird. Dies erfordert eine neue Art der Vorbereitung, die nicht nur strategische Voraussicht, sondern auch die Fähigkeit zur raschen Anpassung und Umstellung als Reaktion auf unvorhergesehene Herausforderungen beinhaltet.

Bei der Resilienz geht es nicht nur darum, sich von Rückschlägen zu erholen, sondern auch darum, sich weiterzuentwickeln. Sie beinhaltet nicht nur Erholung, sondern auch Lernen und Wachstum. Für Führungskräfte und Manager bedeutet Resilienz die Fähigkeit, unter Stress die Fassung zu bewahren, aus Fehlern zu lernen und Herausforderungen als Sprungbrett und nicht als Stolperstein zu nutzen. Unternehmen, die resilient sind, sind besser im Krisenmanagement, geschickter bei der Risikominderung und gehen mit größerer Wahrscheinlichkeit gestärkt aus schwierigen Situationen hervor.

Auch die Anpassungsfähigkeit ist entscheidend. Wie ein Sprichwort sagt: "Nicht die stärkste Spezies überlebt, auch nicht die intelligenteste, sondern diejenige, die am schnellsten auf Veränderungen reagiert." Im geschäftlichen Kontext umfasst die Anpassungsfähigkeit alles, von der Bereitschaft, neue Technologien zu übernehmen, bis hin zur Fähigkeit, Geschäftsmodelle als Reaktion auf Marktveränderungen zu ändern. Sie beinhaltet eine Kultur des kontinuierlichen Lernens und der Verbesserung, in der Feedback aktiv gesucht und für das Wachstum genutzt wird.

Ein weiterer wichtiger Bereich ist die Notfallplanung. Dabei geht es um die Vorbereitung auf verschiedene Szenarien, einschließlich des schlimmsten Falles, und um die Erstellung von Plänen für den Umgang mit diesen Szenarien. In der heutigen komplexen Umgebung sind traditionelle Planungsansätze, die auf der Annahme einer stabilen und vorhersehbaren Zukunft beruhen, oft unzureichend. Die Szenarioplanung, bei der es um die Vorbereitung auf mehrere plausible Zukunftszustände geht, wird zu einem immer wichtigeren Instrument im Instrumentarium des strategischen Planers.

Für Fachleute, die sich auf diese Ungewissheiten vorbereiten wollen, ist kontinuierliches Lernen der Schlüssel. Ganz gleich, ob es darum geht, mit den neuesten Fortschritten in Ihrem Bereich Schritt zu halten, neue Fähigkeiten zu erlernen oder Ihre Wissensbasis zu erweitern - die Bedeutung des lebenslangen Lernens kann gar nicht hoch genug eingeschätzt werden. Ebenso wichtig ist es, ein starkes berufliches Netzwerk aufzubauen und zu pflegen. In unberechenbaren Zeiten kann ein solides Netzwerk eine wertvolle Ressource sein, die Unterstützung, Ratschläge und sogar Arbeitsmöglichkeiten bietet. Emotionale Intelligenz, einschließlich Fähigkeiten wie Einfühlungsvermögen, Selbstbewusstsein und effektive Kommunikation, ist ein weiterer wichtiger Bereich, der entwickelt werden muss. In einer unsicheren Welt kann die Fähigkeit, nicht nur mit den eigenen Emotionen umzugehen, sondern auch die Emotionen anderer zu verstehen und zu beeinflussen, ein wichtiger Vorteil sein.

Mit Blick auf die Zukunft ist klar, dass sich die Fähigkeiten und Eigenschaften, die bei Führungskräften und Managern am meisten geschätzt werden, weiterentwickeln. Da Unvorhersehbarkeit zur neuen Normalität geworden ist, sind Belastbarkeit,

Anpassungsfähigkeit und eine effektive Notfallplanung nicht nur wünschenswerte Eigenschaften, sondern unerlässlich. Fachkräfte können sich auf diese ungewisse Zukunft vorbereiten, indem sie in kontinuierliches Lernen investieren, starke Netzwerke aufbauen und ihre emotionale Intelligenz entwickeln. Diese Vorbereitung macht sie nicht nur effektiver in ihren Rollen, sondern auch zu wertvollen Mitarbeitern in ihren Unternehmen, die besser in der Lage sind, die komplexen Herausforderungen der Zukunft zu meistern.

Schlussgedanken und Zusammenfassung Fazit

In diesem abschließenden Kapitel haben wir uns mit den transformativen Einflüssen befasst, die die Zukunft von Führung und Management prägen. Von den weitreichenden Auswirkungen der Globalisierung bis hin zu den Spitzentechnologien, die die traditionellen Organisationshierarchien auf den Kopf stellen, ist es offensichtlich, dass die Rollen von Führungskräften und Managern im Wandel begriffen sind. Die zunehmende Bedeutung von Unternehmensethik und sozialer Verantwortung, die sich verändernde Arbeitswelt und die dringenden Forderungen nach Nachhaltigkeit machen deutlich, dass dynamische Fähigkeiten heute die Mindestvoraussetzung für Erfolg sind. In dem Maße, in dem diese Trends an Dynamik gewinnen, werden sich ihre Auswirkungen auf Organisationen und Fachkräfte noch verstärken.

Die Zukunft ist zwar voller Herausforderungen, bietet aber auch viele Chancen für diejenigen, die bereit sind, sich anzupassen und weiterzuentwickeln. Die besten Führungskräfte und Manager von morgen werden diejenigen sein, die den Wandel nicht als Bedrohung, sondern als Aufforderung zur Innovation und Verbesserung sehen. Sie werden Personen sein, die sich dem lebenslangen Lernen verschrieben haben und proaktiv ihr Wissen und ihre Fähigkeiten erweitern. Da sich die Welt in einem noch nie dagewesenen Tempo verändert, werden Flexibilität,

Anpassungsfähigkeit und eine vorausschauende Denkweise wichtiger denn je sein.

Wer sich auf den Wandel einlässt, muss seine Komfortzone verlassen, er muss den Mut haben, sich Ungewissheiten zu stellen, und er muss offen sein, aus Erfolgen und Misserfolgen zu lernen. Aber diejenigen, die diese Entscheidung treffen und sich zu ständiger Anpassung und Wachstum verpflichten, werden die Veränderungen nicht nur überleben, sondern sie werden in ihnen gedeihen. Sie werden es sein, die neue Wege in unbekannten Gebieten beschreiten, neue Maßstäbe für Spitzenleistungen setzen und ihre Organisationen in die Zukunft führen.

Lassen Sie uns also zum Abschluss dieser umfassenden Erkundung von Führung und Management die Komplexität und Ungewissheit der heutigen Zeit als die Katalysatoren begreifen, die sie sind. Sie sollen uns zu neuen Höhen der Innovation anspornen, uns zwingen, unser Verständnis zu vertiefen, und uns inspirieren, die besten Versionen von uns selbst zu werden. Denn in einer Welt, die sich ständig verändert, ist die einzige Konstante unsere Fähigkeit, uns mit ihr zu verändern. Auf Ihre Reise der kontinuierlichen Anpassung, des Wachstums und des Erfolgs.

Referenzen

Introduction

Bass, B. M. (1985). Leadership and Performance Beyond Expectations. New York: Free Press.

Collins, J. (2001). Good to Great: Why Some Companies Make the Leap... and Others Don't. HarperCollins.

Drucker, P. F. (2008). Management: Tasks, Responsibilities, Practices. HarperCollins.

Goleman, D. (1998). Working with Emotional Intelligence. New York: Bantam Books.

Heifetz, R. A., Grashow, A., & Linsky, M. (2009). The Practice of Adaptive Leadership: Tools and Tactics for Changing Your Organization and the World. Harvard Business Press.

Hersey, P., Blanchard, K. H., & Johnson, D. E. (2008). Management of Organizational Behavior: Leading Human Resources (9th ed.). Prentice Hall.

Kotter, J. P. (1996). Leading Change. Boston: Harvard Business School Press.

Mintzberg, H. (1973). The Nature of Managerial Work. Harper & Row.

Northouse, P. G. (2018). Leadership: Theory and Practice (8th ed.). Sage Publications.

Pink, D. H. (2009). Drive: The Surprising Truth About What Motivates Us. Riverhead Books.

Schein, E. H. (2016). Organizational Culture and Leadership (5th ed.). Wiley.

Senge, P. M. (1990). The Fifth Discipline: The Art & Practice of The Learning Organization. Doubleday.

Yukl, G. (2012). Leadership in Organizations (8th ed.). Pearson.

Chapter 1

Avolio, B. J., & Bass, B. M. (1995). Multifactor Leadership Questionnaire. Mind Garden, Inc.

Bennis, W. (1989). On Becoming a Leader. Addison-Wesley.

Blanchard, K. H., & Hersey, P. (1996). Management of Organizational Behavior: Utilizing Human Resources (6th ed.). Prentice Hall.

Burns, J. M. (1978). Leadership. Harper & Row.

Covey, S. R. (1989). The Seven Habits of Highly Effective People. Free Press.

Daft, R. L. (2014). The Leadership Experience (6th ed.). Cengage Learning.

Fiedler, F. E. (1967). A Theory of Leadership Effectiveness. McGraw-Hill.

Greenleaf, R. K. (1977). Servant Leadership: A Journey into the Nature of Legitimate Power and Greatness. Paulist Press.

Hackman, J. R., & Wageman, R. (2005). A Theory of Team Coaching. Academy of Management Review, 30(2), 269-287.

HBR's 10 Must Reads on Leadership (2011). Harvard Business Review Press.

Lencioni, P. (2002). The Five Dysfunctions of a Team: A Leadership Fable. Jossey-Bass.

Maxwell, J. C. (1993). Developing the Leader Within You. Thomas Nelson.

Robbins, S. P., & Coulter, M. (2016). Management (13th ed.). Pearson.

Tichy, N. M., & Devanna, M. A. (1986). The Transformational Leader. John Wiley & Sons.

Zaleznik, A. (1977). Managers and Leaders: Are They Different? Harvard Business Review, 55(5), 67-78.

Chapter 2

Adair, J. (1988). Effective Leadership. Pan Macmillan.

Bass, B. M., & Riggio, R. E. (2006). Transformational Leadership (2nd ed.). Psychology Press.

Collins, J. (2001). Good to Great. HarperBusiness.

Drucker, P. F. (1999). Management Challenges for the 21st Century. HarperBusiness.

Goleman, D. (1998). Working with Emotional Intelligence. Bantam Books.

Hersey, P., Blanchard, K. H., & Johnson, D. E. (1996). Management of Organizational Behavior: Leading Human Resources (7th ed.). Prentice Hall.

Katzenbach, J. R., & Smith, D. K. (1993). The Wisdom of Teams. Harvard Business School Press.

Kouzes, J. M., & Posner, B. Z. (1987). The Leadership Challenge. Jossey-Bass.

Locke, E. A. (1991). Goal Setting: A Motivational Technique That Works!. Prentice Hall.

Mintzberg, H. (1973). The Nature of Managerial Work. Harper & Row.

Pink, D. H. (2009). Drive: The Surprising Truth About What Motivates Us. Riverhead Books.

Porter, M. E. (1980). Competitive Strategy. Free Press.

Sinek, S. (2009). Start with Why. Penguin Books.

Taylor, F. W. (1911). The Principles of Scientific Management. Harper & Brothers.

Tuckman, B. W. (1965). Developmental sequence in small groups. Psychological Bulletin, 63(6), 384-399.

Chapter 3

Argyris, C. (1999). On Organizational Learning (2nd ed.). Blackwell Publishing.

Covey, S. R. (1989). The 7 Habits of Highly Effective People. Free Press.

Csikszentmihalyi, M. (1990). Flow: The Psychology of Optimal Experience. Harper & Row.

Fiedler, F. E. (1967). A Theory of Leadership Effectiveness. McGraw-Hill.

Gladwell, M. (2000). The Tipping Point: How Little Things Can Make a Big Difference. Little, Brown and Company.

Hackman, J. R. (2002). Leading Teams: Setting the Stage for Great Performances. Harvard Business School Press.

Heifetz, R. A. (1994). Leadership Without Easy Answers. Harvard University Press.

Kotter, J. P. (1996). Leading Change. Harvard Business School Press.

Lewin, K. (1947). Frontiers in group dynamics. Human Relations, 1(1), 5-41.

McGregor, D. (1960). The Human Side of Enterprise. McGraw-Hill.

Senge, P. M. (1990). The Fifth Discipline. Doubleday/Currency.
Vroom, V. H., & Yetton, P. W. (1973). Leadership and Decision-making. University of Pittsburgh Press.

Chapter 4

Blake, R. R., & Mouton, J. S. (1964). The Managerial Grid: Key Orientations for Achieving Production through People. Gulf Publishing Co.

Bolman, L. G., & Deal, T. E. (2017). Reframing Organizations: Artistry, Choice, and Leadership (6th ed.). Jossey-Bass.

Collins, J. (2001). Good to Great: Why Some Companies Make the Leap and Others Don't. HarperBusiness.

Drucker, P. (1954). The Practice of Management. Harper & Row.

Goleman, D. (1998). Working with Emotional Intelligence. Bantam Books.

Hersey, P., & Blanchard, K. H. (1969). Life Cycle Theory of Leadership. Training and Development Journal.

Herzberg, F. (1968). One More Time: How Do You Motivate Employees?. Harvard Business Review.

House, R. J. (1971). A Path-Goal Theory of Leader Effectiveness. Administrative Science Quarterly.

Kouzes, J. M., & Posner, B. Z. (1987). The Leadership Challenge. Jossey-Bass.

Mintzberg, H. (1973). The Nature of Managerial Work. Harper & Row.

Northouse, P. G. (2018). Leadership: Theory and Practice (8th ed.). SAGE Publications.

Pink, D. H. (2009). Drive: The Surprising Truth About What Motivates Us. Riverhead Books.

Porter, M. E. (1985). Competitive Advantage. Free Press.

Schein, E. H. (2010). Organizational Culture and Leadership (4th ed.). Jossey-Bass.

Taylor, F. W. (1911). The Principles of Scientific Management. Harper & Brothers.

Tuckman, B. W. (1965). Developmental sequence in small groups. Psychological Bulletin, 63, 384–399.

Chapter 5

Adair, J. (1983). Effective Leadership: A Modern Guide to Developing Leadership Skills. Pan Books.

Bennis, W. (1989). On Becoming a Leader. Addison-Wesley.

Covey, S. R. (1989). The Seven Habits of Highly Effective People. Free Press.

Drath, W. H., & Palus, C. J. (1994). Making Common Sense: Leadership as Meaning-Making in a Community of Practice. Center for Creative Leadership.

Fiedler, F. E. (1967). A Theory of Leadership Effectiveness. McGraw-Hill.

Greenleaf, R. K. (1977). Servant Leadership: A Journey into the Nature of Legitimate Power and Greatness. Paulist Press.

Heifetz, R. A., & Linsky, M. (2002). Leadership on the Line: Staying Alive through the Dangers of Leading. Harvard Business School Press.

Kotter, J. P. (1990). A Force for Change: How Leadership Differs from Management. Free Press.

Lewin, K., Lippitt, R., & White, R. K. (1939). Patterns of aggressive behavior in experimentally created "social climates". Journal of Social Psychology.

Mayo, E. (1945). The Social Problems of an Industrial Civilization. Routledge.

McGregor, D. (1960). The Human Side of Enterprise. McGraw-Hill.

Senge, P. M. (1990). The Fifth Discipline: The Art & Practice of The Learning Organization. Doubleday/Currency.

Vroom, V. H., & Yetton, P. W. (1973). Leadership and Decision-Making. University of Pittsburgh Press.

Yukl, G. (2012). Leadership in Organizations (8th ed.). Pearson.

Chapter 6

Avolio, B. J., Walumbwa, F. O., & Weber, T. J. (2009). Leadership: Current Theories, Research, and Future Directions. Annual Review of Psychology.

Bass, B. M., & Stogdill, R. M. (1990). Bass & Stogdill's Handbook of Leadership: Theory, Research, and Managerial Applications. Free Press.

Blanchard, K. H., & Hersey, P. (1969). Management of Organizational Behavior. Prentice Hall.

Collins, J. (2001). Good to Great: Why Some Companies Make the Leap...and Others Don't. HarperBusiness.

Conger, J. A., & Kanungo, R. N. (1988). Charismatic Leadership: The Elusive Factor in Organizational Effectiveness. Jossey-Bass.

Goleman, D., Boyatzis, R., & McKee, A. (2002). Primal Leadership: Realizing the Power of Emotional Intelligence. Harvard Business School Press.

Hackman, J. R., & Wageman, R. (2007). Asking the Right Questions About Leadership. American Psychologist.
House, R. J., & Aditya, R. N. (1997). The Social Scientific Study of Leadership: Quo Vadis?. Journal of Management.

Hughes, R. L., Ginnett, R. C., & Curphy, G. J. (1993). Leadership: Enhancing the Lessons of Experience. Irwin.

Kotter, J. P. (1995). Leading Change: Why Transformation Efforts Fail. Harvard Business Review.

Kouzes, J. M., & Posner, B. Z. (1987). The Leadership Challenge. Jossey-Bass.

Mintzberg, H. (1973). The Nature of Managerial Work. Harper & Row.

Northouse, P. G. (2018). Leadership: Theory and Practice (8th ed.). Sage Publications.

O'Toole, J. (1996). Leading Change: Overcoming the Ideology of Comfort and the Tyranny of Custom. Jossey-Bass.

Rost, J. C. (1993). Leadership for the Twenty-First Century. Praeger.

Schein, E. H. (2010). Organizational Culture and Leadership. Jossey-Bass.

Sinek, S. (2009). Start with Why: How Great Leaders Inspire Everyone to Take Action. Portfolio.

Tichy, N. M., & Devanna, M. A. (1986). The Transformational Leader. John Wiley & Sons.

Zenger, J., & Folkman, J. (2002). The Extraordinary Leader: Turning Good Managers into Great Leaders. McGraw-Hill.

Chapter 7

Bennis, W. (1989). On Becoming a Leader. Addison-Wesley.

Drucker, P. (2008). Management: Tasks, Responsibilities, Practices. Harper & Row.

Finkelstein, S., & Hambrick, D. C. (1996). Strategic Leadership: Top Executives and Their Effects on Organizations. West Publishing Company.

Goffee, R., & Jones, G. (2006). Why Should Anyone Be Led by You?. Harvard Business Review Press.

Heifetz, R. A. (1994). Leadership Without Easy Answers. Belknap Press.

Hersey, P., & Blanchard, K. H. (1988). Management of Organizational Behavior: Utilizing Human Resources. Prentice-Hall.

Huy, Q. N. (2001). In Praise of Middle Managers. Harvard Business Review.

Ibarra, H. (2015). Act Like a Leader, Think Like a Leader. Harvard Business Review Press.

Kotter, J. P. (2001). What Leaders Really Do. Harvard Business Review Press.

Lencioni, P. (2002). The Five Dysfunctions of a Team: A Leadership Fable. Jossey-Bass.

Yukl, G. (2012). Leadership in Organizations (8th ed.). Pearson.

Chapter 8

Brynjolfsson, E., & McAfee, A. (2014). The Second Machine Age: Work, Progress, and Prosperity in a Time of Brilliant Technologies. W. W. Norton & Company.

Christensen, C. M., & Overdorf, M. (2000). Meeting the Challenge of Disruptive Change. Harvard Business Review.

Collins, J., & Hansen, M. T. (2011). Great by Choice. Harper Business.

Drucker, P. (1999). Management Challenges for the 21st Century. HarperCollins.

Duhigg, C. (2016). Smarter Faster Better: The Transformative Power of Real Productivity. Random House.

Friedman, T. L. (2016). Thank You for Being Late: An Optimist's Guide to Thriving in the Age of Accelerations. Farrar, Straus and Giroux.

Kim, G., Humble, J., Debois, P., & Willis, J. (2016). The DevOps Handbook: How to Create World-Class Agility, Reliability, & Security in Technology Organizations. IT Revolution Press.

McAfee, A., & Brynjolfsson, E. (2017). Machine, Platform, Crowd: Harnessing Our Digital Future. W. W. Norton & Company.

Porter, M. E., & Heppelmann, J. E. (2014). How Smart, Connected Products Are Transforming Competition. Harvard Business Review.

Ross, J. W., & Beath, C. M. (2017). Designed for Digital: How to Architect Your Business for Sustained Success. MIT Press.

Satell, G. (2017). Mapping Innovation: A Playbook for Navigating a Disruptive Age. McGraw-Hill Education.

Schwab, K. (2016). The Fourth Industrial Revolution. World Economic Forum.

Sinek, S. (2019). The Infinite Game. Portfolio.

Tapscott, D., & Tapscott, A. (2016). Blockchain Revolution: How the Technology Behind Bitcoin and Other Cryptocurrencies is Changing the World. Penguin Books.

Toffler, A. (1980). The Third Wave. William Morrow and Company.

Westerman, G., Bonnet, D., & McAfee, A. (2014). Leading Digital: Turning Technology into Business Transformation. Harvard Business Review Press.

Chapter 9

Bennis, W. (1989). On Becoming a Leader. Basic Books.

Bolman, L. G., & Deal, T. E. (2017). Reframing Organizations: Artistry, Choice, and Leadership. Jossey-Bass.

Collins, J. (2001). Good to Great: Why Some Companies Make the Leap... and Others Don't. HarperCollins Publishers.

Drucker, P. F. (2008). Management Cases. HarperCollins.
Finkelstein, S., & Sanford, S. H. (2003). Why Smart Executives Fail: And What You Can Learn from Their Mistakes. Portfolio.

Gladwell, M. (2008). Outliers: The Story of Success. Little, Brown and Co.
Hamel, G. (2000). Leading the Revolution. Harvard Business School Press.

Heifetz, R. A., Grashow, A., & Linsky, M. (2009). The Practice of Adaptive Leadership: Tools and Tactics for Changing Your Organization and the World. Harvard Business Review Press.

Kotter, J. P. (1996). Leading Change. Harvard Business Review Press.

Mintzberg, H. (1973). The Nature of Managerial Work. Harper & Row.

Pfeffer, J., & Sutton, R. I. (2006). Hard Facts, Dangerous Half-Truths, and Total Nonsense: Profiting from Evidence-Based Management. Harvard Business School Press.

Scharmer, C. O., & Kaufer, K. (2013). Leading from the Emerging Future: From Ego-System to Eco-System Economies. Berrett-Koehler Publishers.

Senge, P. M. (1990). The Fifth Discipline: The Art & Practice of the Learning Organization. Currency Doubleday.

Zenger, J., & Folkman, J. (2002). The Extraordinary Leader: Turning Good Managers into Great Leaders. McGraw-Hill.

Conclusion

Brynjolfsson, E., & McAfee, A. (2014). The Second Machine Age: Work, Progress, and Prosperity in a Time of Brilliant Technologies. W. W. Norton & Company.

Christensen, C. M., Hall, T., Dillon, K., & Duncan, D. S. (2016). Competing Against Luck: The Story of Innovation and Customer Choice. Harper Business.
Drucker, P. F. (1999). Management Challenges for the 21st Century. HarperBusiness.

Friedman, T. L. (2016). Thank You for Being Late: An Optimist's Guide to Thriving in the Age of Accelerations. Farrar, Straus and Giroux.

Harari, Y. N. (2018). 21 Lessons for the 21st Century. Spiegel & Grau.

Sinek, S. (2019). The Infinite Game. Portfolio/Penguin.
Tapscott, D., & Tapscott, A. (2016). Blockchain Revolution: How the Technology Behind Bitcoin and Other Cryptocurrencies is Changing the World. Portfolio.